내게 맞는 일을 하고 싶어

내게 맞는 일을 하고 싶어

남과 다른 내-일을 걷다

김영숙 지음

책세상

자신에 대해 알기 원하는 사람,

자신에게 맞는 일을 하고 싶은 사람,

수많은 선택의 기회 앞에서 고민하는 사람,

대기업 입사, 공시, 고시를 위해

졸업이나 취업을 미루는 사람,

남들이 부러워하는 이상에 도달하고도

갈등하는 사람들에게

일러두기

이 책의 모든 인물은 가명이고 잦은 사례를 종합하여 편집, 재구성했다.

좋아하는 일을 하라고요?

모든 사람이 좋아하는 일을 한다면

"좋아하는 일을 못 찾았어요. 어쩌죠?" 학생들이 상담실에 와서 자주 하는 말입니다. 그런데 꼭 좋아하는 일을 선택해야 할까요? 단지 주위 사람들이 권하니까 그 기준이 중요하게 여겨질 뿐입니다. 그렇다면 과연 좋아하는 일을 찾기만 하면 순탄하게 진입할 수 있을까요?

좋아하는 일은 흥미 유형에 맞는 일로 해석할 수 있습니다. 흥미는 어떤 활동이나 사물을 특별히 좋아하고 즐거워하는 느낌이 들고 관심을 나타내는 경향성이에요. 그렇다면 이것은 순수하게 심리적 요인인 감정과 느낌만을 말할까요?

흥미는 경험에 영향을 받기도 합니다. 흥미 검사를

해보면, 예술적 성향이 높게 나왔음에도 본인은 그런 성향이 없다며 극구 부인하는 사람이 있습니다. 그런 사람의 과거를 살펴보면 부모님의 영향이나 권유로 미술관에 가거나 예술을 전공하도록 훈련받은 경험이 있습니다. 흥미 검사의 문항 자체가 경험을 반영하게 설계되어 있기 때문에 나타난 결과입니다. 또 뛰어난 운동선수나 예능인 뒤에는 그 분야의 실력자인 부모를 둔 경우가 많지요. 유전자의 영향도 있겠지만, 어렸을 때부터 관련된 일, 분야에 자연스럽게 노출되어 간접경험을 했기 때문일 수도 있어요. 이렇듯 흥미는 개인의 순수한 심리적 요인과 감정의 결과라고만 보기 어렵습니다.

흥미의 유형은 현장형(현실형), 탐구형, 예술형, 사회형, 진취형, 관습형으로 나눌 수 있습니다. 흥미 유형의 사람 수와 흥미 유형을 요구하는 일자리 수가 비슷해야 모든 사람이 좋아하는 일을 할 수 있을 텐데요. 안타깝게도 유형에 따른 분포는 균등하지 않아요. 우리나라의 최근 구인배수* 통계치‡를 참고하면 분야별 취업희망자와 기

---

* 구인배수=신규 구인인원÷신규 구직건수
‡ 한국고용정보원, 2017. 12. '워크넷 구인구직 및 취업 동향'

업의 비율을 알 수 있습니다. 구인배수는 신규 구인인원을 신규 구직건수로 나눈 수입니다.

구인배수가 1에 가까울수록 구직난이 해소됩니다. IMF 외환위기 이후 일자리가 부족해서 구인배수가 1을 넘지 못했습니다. 보통은 이렇게 일자리 수보다 구직자가 더 많지만 일자리 수보다 구직 희망자가 부족한 분야도 있습니다. 구인배수가 높은 직종을 확인해볼까요.

1~2위를 차지하는 직종은 재료와 화학 분야예요. 이 분야에 맞는 흥미 유형은 탐구형입니다. 지난 10년간 수백 명의 대학생을 만나 실시한 흥미검사 결과에 의하면 탐구형이 다른 유형에 비해 매우 드물게 나왔습니다. 실제로 30~40여 명의 학생을 흥미 유형에 따라 나누어 그룹 활동을 할 때 인원수가 너무 적어서 그룹을 만들기 어려운 유형이 탐구형입니다. 다른 그룹이 6~8명이라면 탐구형은 한 명이어서 어쩔 수 없이 다른 그룹에 합류하기 일쑤죠.

탐구형에 속한 사람은 물리적, 생물학적, 문학적 호기심이 있습니다. 관찰과 사고를 즐기며 신중한 태도를 견지하는 사람이에요. 우리나라의 교육 여건상 탐구형 인재가 나오기는 더 어렵습니다. IT 직무에서 요하는 흥미 유형이 탐구형인데요. IT 기업에서 원하는 실력을 갖춘 인재를 찾기가 힘들다고 해요. 산업발전 분야에 맞춤식 교육이 부족했기 때문이기도 하지만 일자리 수와 흥미를 갖는 사람 수가 일치하지 않기 때문이라고도 볼 수 있습니다.

일자리 수와 그 일에 흥미를 갖는 사람의 수가 일치하지 않는 건 캐나다도 마찬가지입니다. 캐나다 대학생을 대상으로 실시한 조사에 따르면 열정을 쏟는 분야가 있다고 답한 84%의 학생 중 90%가 스포츠, 음악, 예술 분야에 관심을 두고 있다고 합니다. 그런데 통계 자료를 보면 스포츠, 음악, 예술 산업과 관련된 일자리는 3%에 불과합니다. 좋아하는 일을 추구하라고 하기엔 경쟁이 너무 치열합니다. 75(84%의 90%):3의 확률이니 이 학생 중에 소수만 일자리를 얻는다는 겁니다. 이런 상황에서 좋아하는 일을 하라는 조언은 독이 됩니다.

미국도 일자리의 수와 흥미를 갖는 사람 수가 일치하지 않아 'ITEST'라는 프로그램을 만들어 학생들에게 제공합니다. 과학, 기술, 공학, 수학에 흥미가 없는 학생들이 이 프로그램을 통해 흥미를 갖도록 유도하는 거예요. 앞서 언급한 '흥미는 경험의 영향을 받는다'는 사실을 활용한 좋은 전략인 거죠. 이처럼, 일자리 수와 흥미를 갖는 사람 수가 일치하지 않으므로 좋아하는 일만 생각할 수 없어요. 게다가 일에 관한 우리의 관심은 바뀌기 때문에 흥미에만 초점을 두고 직업을 고르는 것이 반드시 옳다고 할 수는 없습니다.

좋아하는 일은 변한다

흥미 있는 일을 하면서 그 일을 좋아하는 마음이 지속될지는 장담할 수 없습니다. 흥미와 취향은 변합니다. 더 정확히 말하면 몸과 마음이 변해요. 우리의 몸은 1년이 지나면 모든 세포가 완전히 새로워집니다. 신체 바이오주기도 계절과 날씨에 따라 바뀌어요. 우리를 둘러싼 환경도 시시각각 변하므로 그에 따라 개인적인 취향도 달라질 수밖에 없지요. 심리학자 조르디 쿠아드박, 대니얼 길버트, 티머시 윌슨은 사람의 관심사가 생각보다 훨씬 자주 변하며, 따라서 관심사를 과대평가해선 안 된다는 연구 결과를 내놓은 바 있습니다.

좋아하는 일이어도 노력한 만큼의 결과가 나오지 않으면 마음이 변할 수 있습니다. 자신에게 맞다고 생각해서 선택한 전공인데 형편없는 점수만 계속 받게 된다면 언제까지나 그 전공을 좋아하기가 어렵지요. 제가 그랬습니다. 중학교 때 유독 따르고 존경한 담임선생님의 담당 과목이 사회였어요. 사회를 좋아하고 잘하고 싶었지만, 공부한 만큼 성적이 나오지 않았어요. 대학 시절, 사회복지를 전공하면서도 사회 과목 점수가 너무 안 좋았어요. 낮은 평점을 보며 '난 사회 과목이 좋은데 개는 날 싫어해' 하는 마음에서 '난 사회 과목이 싫어'로 바뀌어 버렸습니다.

의외의 경험과 외부 환경은 여러분의 선택을 크게 변화시키기도 합니다. 농구계에 획을 그은 마이클 조던은 농구선수들에게는 도달하기 어려운 전설적인 존재이지요. 그는 자유투 라인에서 골대까지 한걸음에 달려가서 덩크슛을 시원하게 쏟아내며 마치 새처럼 농구 코트를 날아다녔습니다. 하지만 한창 NBA에서 주가를 올리던 때 아버지가 사고로 사망하자, 농구를 그만두겠다고 선언하죠. 그러고는 야구선수가 되고 싶어 했던 아버지의 꿈을 이뤄드리기 위해 마이너리그 야구선수의 삶을 시작합니다. 부친의 사망은 조던같이 훌륭한 농구선수가 좋아하던 농구를 그만두고 전혀 다른 야구를 시작하게 할 정도로 큰 심경의 변화를 가져다주었습니다.

심리적 변화뿐 아니라 환경적 변화 때문에 좋아하는 일을 계속할 수 없게 되기도 합니다. 인쇄소 식자공, 버스 안내원, 전화교환원 등 시대의 변화에 따라 사라진 직업군도 많아요. '좋다'라는 심리적 기준은 일을 선택하는 기준으로 삼기에는 가변적이죠. 그러니 단순히 인문 계열이 좋아서 혹은 편안해서 선택하기 전에, 인문계 일자리의 현실이 얼마나 좁은지를 먼저 고려해볼 필요가 있습니다.

취향은 경험의 영향을 받기 때문에 변할 수 있다는 사실을 다시 한번 떠올려보세요. 자주 접해서 익숙해지면 관심 없던 분야에도 관심이 생길 수 있어요. 미래를 위해 가까이해야 할 영역이 있다면 한번쯤 생각해볼 일입니다.

좋아하는 일을 하면 행복할까?

좋아하는 일에 대한 우리의 환상을 들여다봅시다. 흔히 좋아하는 일을 직업으로 삼으면 행복하고 즐거울 것이라고 기대합니다. 하루의 반 이상을 차지하는 시간을 좋아하지 않는 일을 하면서 보내고 싶지는 않다고 생각하면서 말이죠. 그러다 보니 좋아하는 일의 장점만 보고 단점은 보지 않습니다. 좋아하는 일의 장점만 보고 선택한 일이 마냥 행복하고 만족스러울 수 없어요.

　제게 상담과 강의는 만족스럽고 유쾌한 일이지만 불만족스러운 부분도 있습니다. 학생들이 직업상담사라는 제 직업에 만족하냐고 물을 때 '만족도가 300점'이라고 답하면 다들 놀랍니다. 100점도 아니고 300점이라니! 하지만 곧이어 불만족도는 100점이라고 말하면 다들 웃습니다. 일에 대한 만족도가 300점 이상인 제게도 불만은 있거든요. 고용이 불안정하고 급여가 낮은 상담사의 근무 조건은 '보람과 가치'라는 내적 보상 없이는 버틸수 없습니다. 15년 이상 진로, 취업전문가로 꾸준히 걸어올 수 있었던 동력은 함께 울고 웃으며 성장해가는 과정에 있어요. 어려운 시기를 이겨낸 참가자의 스토리에 감동하기도 하고 상담과 강의를 통해 참가자들에게 도움을 줄 수 있어서 기쁨을 느낍니다.

　하고 싶은 일을 하는 일상이라고 항상 순탄하지는 않습니다. 일은 주가처럼 등락이 있어요. 힘들다가도 잘 풀릴 때가 있고 진행이 원만한 것 같다가 어그러지기도 하고요. 모든 게 귀찮고 싫어지는 날도 있어요. 그런 날이 지속되는 시기를 우리는 슬럼프라고 부르지요. 좋아하는 일을 해도 슬럼프가 옵니다. 좋아하는 일의 단점은 보지 않고 장점만을 누리겠다는 것은 아닌지, 항상 행복할 것이라고만 기대하는 건 아닌지 점검해봐야 합니다. 세상에 어떤 일도 쉽게 진행되는 일은 없거든요. 일에 대한 환상을 버리고 그래도 감내하겠다고 마음먹을 때 진짜 진입할 준비가 됩니다.

좋아하는 일을 하면 성공할까?

희망하는 일에 진입해서 돈과 사회적 명예를 성취한 성공 신화가 우리에게 달콤한 이유는 그것이 쉽지 않기 때문입니다. 소수의 성과라 더 특별하기에 영화나 책으로 만들어집니다. 문화 예술계 소득 및 활동 실태를 통해 냉혹한 현실을 돌아볼 필요가 있습니다.

2016년 광주지역 예술인 실태조사 보고서를 보면 이 지역 예술인들의 연간 소득은 999만 원 이하가 29.7%, 2,000만 원 이하가 22.8%, 6,000만 원 이하가 22.4%였어요. 다시 말해 절반 이상은 2,000만 원 이하의 연간 소득으로 살고 있으며, 그중 절반 이상이 예술 외 겸업을 하고 있으며, 10명 중 6명은 개인 창작 공간도, 4대 보험이라는 안전망도 없이 지낸다는 겁니다. 청년 예술인들의 사정은 더 열악합니다. 예술계 입문 이후 1년 이상 예술 활동을 하지 않은 경력 단절 경험이 50.2%이고 그 이유는 예술 활동만으로는 생계유지가 어렵기 때문이라는 답변이 지배적(78.2%)이었습니다.

그렇다면 좋아하는 일을 선택해서 성공한 사람은 어떤 특징이 있을까요? 먼저 자기 이해력이 높습니다. 자신의 성향을 분명히 파악하고 있어요. 두 번째로, 주어진 가정환경이나 여건을 뛰어넘을 만큼의 의지와 노력, 위험 감수력이 있습니다. 마지막은 자신이 좋아하고 즐길 수 있는 일을 알아보는 행운이 따릅니다. 이 모든 요소를 단지 '좋아하는 일을 하면 성공한다'로 압축해버리는 오류에 빠지면, 생략된 요인을 알 수 없으니 '좋아하는 일을 하면 언젠가 성공할 수 있을 것'이라고 맹목적으로 믿어버리는 거예요.

다음소프트의 송길영 부사장은 '좋아하는 일을 여러 번 하면 그것을 잘할 가능성이 커진다'고 말했습니다. 맞는 말이에요. 단, 제대로 된 방식으로 반복해야 합니다. 또 그렇다 하더라도 성공은 미지수입니다. 다른 일보다 잘할 가능성이 있을 뿐이죠. 능력을 갖추고자 제대로 된 방식으로 시기적절하게 노력하지 않으면 잘할 가능성도 없고 성공도 멀어집니다.

좋아하는 일을 하라는 조언에는 그것을 찾기까지 어떤 노력과 시간을 투자해야 하는지에 대한 언급은 빠져 있어요. 반복하면서 자신에게 맞는지 확인하고, 시행착오를 겪으며 몸과 머리로 익히는 기회, 버틸 의욕과 시간이 필요합니다. 좋아한다고 몸이 숙련되어 있는 것은 아니잖아요.

또한 사람마다 성공의 기준은 다릅니다. 기준을 모르는 사람도 있습니다. 성공의 기준을 어디에 두느냐에 따라 삶의 만족도가 달라질 텐데, 이미 성공에 도달하고도 모르는 사람도 있어요. 그것이 자신에게 잘 맞는 일을 하는 것일 수도, 일과 삶의 균형을 지키는 것일 수도 있지요. 진짜 여러분의 일을 만나길 바란다면, 흔히 말하는 '좋아하는 일'이라는 기준을 내려놓고 다양하게 바라볼 필요가 있어요. '좋다'라는 기준 외에 어떤 기준으로 일을 선택하면 내게 맞는 일을 할 수 있을지 함께 알아보아요.

목차

· 생각 톡톡 ·

일을 선택하는
다양한 기준

직업 가치관은 쉽게 변하지 않는다

잘하는 일과 좋아하는 일 중에 선택해야 하는 기로에 서 있다면, 일단 그 자체만으로 반은 성공입니다. 보통은 그 둘을 알 수 없어서 고민하니까요. 행복한 고민이긴 하지만 본인에게는 무척 어려운 결정이 아닐 수 없어요. 이런 경우 우선으로 고려할 것은 자신의 직업 가치관이에요. 가치관에 맞는 일을 하면 삶의 질이 향상됩니다.

직업 가치관은 외적 가치와 내적 가치로 나눌 수 있어요. 외적 가치는 눈에 보이는 성취, 부, 명성, 이미지를 말합니다. 내적 가치는 개인적 성장, 봉사, 유대감이에요. 좋아하는 일과 잘하는 일 사이에서 고민하는 사람을 상담할 때 주로 묻는 말이 있습니다. "만족이 중요한가요? 성공이 중요한가요?" 후자를 택했다고 해서 오로지 외적 가치만을 추구하는 것은 아니겠지만 상대적으로 내적 가치보다 더 중요하게 생각한다는 걸 알 수 있어요. 외적 가치가 우선인 사람에게는 좋아하는 일보다 잘하는 일이 더 중요하다 볼 수 있습니다. 잘하는 일을 통해 인정받고 '성공' 가치를 충족했을 때, 삶의 만족 또한 충만해질 수 있기 때문입니다. 반면 성공보다 만족이 더 중요한 사람이라면 좋아하는 일을 선택하는 것이 맞아요. 그래야 일을 하는 기쁨을 느끼고, 그 기쁨이 지속적으로 몰입할 원동력이 돼요. 물론 그 일에 필요한 지식이나 능력 유무에 따라 특정한 실력을 갖추기까지 걸리는 시간은 다를 수 있지만요.

잘하는 일과 좋아하는 일 중 선택이 어렵다면 둘 중 하나를 선택해야 한다는 이분법적 사고에서 벗어나 자신의 가치관을 살펴보세요. 자신의 가치관에 준하는 직업 혹은 직장을 선택하면 일의 만족도가 높아져서 만족스럽습니다. 외향적인 성격이 내향적이 되거나, 관심 분야나 흥미는 변할 수 있지만, 가치는 크게 달라지지 않아요. 예를 들면 안정을 추구하던 사람이 위험할 수도 있는 기회를 따르는 일 혹은 그 반대의 경우는 쉽지 않기 때문에 가치에 중점을 두고 고르면 일을 찾는 데 도움이 돼요.

강점이 큰 일이라도 내 가치관에 부합하지 않으면 내게 맞지 않다는 걸 깨닫는 경험을 했습니다. 대학의 경력개발센터에서 근무할 때의 일이에요. 학생들이 취업 준비를 하면서 힘든 부분을 토로해왔는데 공감하고 싶었어요. 입사 지원서를 작성하면서 쪼그라드는 마음과 면접 볼 때 다리가 후덜거리는 과정을 체험해보고 싶었는데 마침 기회가 생겼어요. 2010년 MBC에서 신입 아나운서를 채용하는 과정을 오디션 프로그램으로 만들었습니다. 요즘의 가수, 배우 오디션 프로그램과 유사하다고 할 수 있는데요. 목소리가 좋다는 이야기를 들어왔기에 자신 있게 신입 아나운서 채용에 응시했습니다. 그런데 면접을 준비하는 과정에서 이미 저는 아나운서라는 직업이 추구하는 가치와 제가 전혀 맞지 않음을 알았어요. 저는 누군가를 돕는 일, 즉 내적 가치를 중시했는데 아나운서는 그 일과는 거리가 멀었습니다. 또 강의나 집단상담 프로그램을 진행하면서 의견을 말하는 것은 즐거웠지만, 불특정 다수 앞에서 저를 드러내는 것을 좋아하지 않는다는 것도 깨달았어요. 아나운서 오디션에 응시하면서 몇 개월 동안 저는 '내가 아나운서로 산다면' 게임에 심취했습니다. 어디를 가든, 무엇을 하든 '내가 지금 아나운서라면 어떨까' 상상했어요. 그 과정에서 제가 어떤 사람인지 새롭게 알아갔어요. 우선, 행동에 제약이 온다는 사실이 불편하고 싫었어요. 매장에서 옷을 사는 사사로운 일상 속에서도 다른 사람의 눈치를 봐야 한다면 그 불편함을 견딜 수 없을 것 같았어요. 조금만 슬픈 영화를 봐도 수건을 끼고 우는 제가 감정을 절제하고 프로그램을 진행한다는 게 상상이 되지 않았습니다.

만일 잘하는 일과 좋아하는 일을 둘 다 하고 싶다면 방법이 아예 없는 것도 아니에요. 둘 중 하나를 직업으로 삼고 나머지 일은 취미로 하는 겁니다. 예를 들어 음악을 하고 싶다면 주중에는 직장인으로, 퇴근 후나 주말에는 동호회나 밴드, 학원에서 음악인으로 지내는 등 하려고만 든다면 길은 있어요. 경제적으로 어려움을 겪지 않으면서 일상의 만족을 추구할 수 있으니 그도 괜찮은 삶이지요. 상담을 하다 보면 주말을 즐길 경제적 여유를 갖기 위해, 나의 삶을 지키기 위해 취업을 하겠다는 사람들이 있어요. 이처럼 일을 목적이 아니라 삶을 돕는 수단으로 바라보는 것도 좋아요. 주어지는 임금으로 내게 소중한 것을 지키는 일도 귀하잖아요.

가치관은 나침반 같아서 흔들리지 않습니다. 머릿속

에 오랫동안 고착되어 있어서 여간해서는 바뀌지 않아요. 간혹 인생을 송두리째 흔드는 사건을 겪고 깨달음을 얻은 사람들이 있는데, 그런 생각들이 가치를 이뤄요. 저마다 우선순위로 두는 가치가 있습니다. '어떤 것을 중요하게 여기는가?' 직업 가치관은 직업의 여러 가지 특성 중에서 무엇을 얼마나 중요하게 생각하는가입니다. 주로 사회·문화적 배경, 직업적 경험, 가정에서의 역할, 청소년기에 맺는 타인과의 관계, 운동, 동아리, 봉사, 종교, 교육 수준, 어른이 되어서 겪는 경험이나 역할 등을 통해 형성돼요. 하지만 한국의 청년들은 대학 입시 전후로 다양한 활동을 접하기보다 자격증, 토익 점수, 학점 취득에 시간을 투자해요. 능동적으로 고민하기보다 제공되는 환경과 교육에 안주해왔기에 자기만의 길을 알기가 쉽지가 않지요. 타인의 계획을 따라가지 않으려면 자꾸 자신을 살펴봐야 합니다.

크고 작은 여러분의 행동이나 선택을 돌아보세요. 평소와 다른 생각이나 행동을 한 날이 있다면 마음을 살피며 '내 마음 안에 무엇이 있지?'라고 질문해봅니다. 처음엔 모를 수 있어요. 마음을 들여다보는 과정이 익숙하지 않기 때문이에요. 하지만 반복해서 질문하면 자신의 가치관이 서서히 선명해질 겁니다. 반드시 여기에 적힌 대로 하라는 건 아니에요. 높은 연봉이 보장되거나 안정적인 일이라면 어떤 일이든 상관없다고 생각할 수도 있겠지만 그 외의 요인을 고민하고 있다면 자신에게 진짜 중요한 기준이 무엇인지 현재 상황과 연결해서 생각해보자는 거죠.

10년간 청춘들에게 직접 들은 집계에 의하면 20대, 30대 청춘들이 가장 많이 원하는 직업 가치관 3종 세트는 안정, 경제력, 여가(워라밸)입니다. 정년이 보장되며 안정적인 수입과 충분한 여가가 보장된 일을 희망하지요. 이상은 이상일 뿐 현실에서는 이루기 어렵습니다. 자신의 중요한 가치관에 모두 들어맞는 일을 만나기는 쉽지 않아요. 그렇다면 여러분에게 중요한 직업 가치관을 포기해야 할까요? 여기에서의 핵심은 자신에게 중요한 것이 무엇인지를 아는 거예요. 이것만큼은 충족되었으면 하는 것은 무엇인가요. 만일 중요 가치가 세 가지이고 이를 다 만족할 수 없다면 두 가지, 두 가지를 만족시키기 어렵다면 한 가지라도 희망하는 직업으로 충족할 수 있는지 알아봅니다. 직장을 그만두고 싶어질 때도 직업 가치관은 유효합니다. 이렇게까지 일해야 하나 싶을 때, '그래도 내게 중요한 가치는 만족하잖아' 하고 자신을 지지하면 직장에서 하루를 사는 이유, 버틸 이유가 생깁니다.

직업 가치관은 매우 중요해서 직업을 선택하는 기준이자 직업이나 직장을 바꾸는 잣대가 됩니다. 현실적인 여건상 중요한 가치가 채워지지 않는다면 부수적인 방법으로 채울 수 있어요. 인류애를 발휘해서 NGO나 사회적 기업에서 근무하고 싶지만 급여와 복리후생이 마음에 들지 않는다면 일반 기업에 입사하고 급여로 후원하는 방법도 생각할 수 있어요. 주말이나 공휴일을 활용해서 시민 단체 활동을 할 수도 있고요. 지금 당장 여러분에게 뚜렷하게 떠오르는 직업 가치관이 없어도 괜찮아요. 부족한 경험을 채우고, 생각할 여유를 가지면 알 수 있으니 걱정하지 마세요.

·생각 톡톡· 불편한 마음의 원인을 찾아서

상황 속에서 나의 행동이나 선택을 돌아보면 가치관을 아는 데 도움이 됩니다.

상황1

팀 과제를 하는데 프리라이더*가 눈에 띈다. 팀원들은 그 학우의 몫을 n분의 1로 나눠서 끝내기로 한다. 갈등 속에서 불편한 마음이 드는데 당신이라면 왜 마음이 불편할까?

"자기 분량을 제대로 하지 않은 사람이 다른 팀원과 같은 점수를 받는 건 공정하지 않아. 이래서 내가 팀 과제가 싫은 거야."	▶ '공정했으면 좋겠어'
"문제를 발견하지 못했으면 큰일 날 뻔했어. n분의 1로 나누자고 제안해서 다행이야."	▶ '문제 해결은 즐거워'
"프리라이더에게 기회를 더 줄 수도 있었던 게 아닐까? 그 친구도 사정이 있었을 텐데 들어보고 기다려줄 걸 그랬나?"	▶ '사람이 소중해'
"자기 분량을 제대로 하지 않다니 이게 말이 돼?"	▶ '원칙이 중요하지'
	▶

*　학교에서 조별 과제를 할 때 아무런 노력이나 참여를 하지 않는 사람

상황2

회사(아르바이트)를 계속 다닐 생각은 아니었지만 오늘은 진짜 사직서를 집어던지고 싶다.

"숨 쉴 틈 없이 몰아세우지 마. 나를 인간적으로 대우해줘."	▶ '존중해줘'
"좀 한 번에 하나씩만 시켜. 한꺼번에 여러 개 시키고 바로 다 했냐고 물으면 어떡해. 내가 기계냐? 벌써 다 하게?"	▶ '나를 무능하게 만들지 마 (인정, 유능성)'
"똑같은 일을 반복하는 건 너무 지겨워."	▶ '변화가 필요해 (다양성)'
	▶

내 전공 사용법

"전공을 살리자니 잘할 자신이 없어요. 제 전공이 싫은 건 아니지만 좋아하는 것도 아니라서 전공을 살려야 할지 고민이 돼요."

간혹 전공이 싫지도 않은데 주저하는 분들을 만납니다. 왜 그럴까요? 전공을 살려 취업한 선배를 알고 싶어서 교수를 찾아가면 "전공을 살려야지" "석사를 해야지" 하며 학업의 중요성만 강조하고 정보를 주지 않아 답답하다고 해요. 물론 교수 멘토링이 잘 되어 있는 학교나 학과의 학생들은 교수에게 훌륭한 조언을 얻을 수 있으니 예외입니다. 현장의 실질적인 조언을 제공받지 못한 사람들은 미디어나 타인을 통해 막연한 조언을 듣고 혼란에 빠지기 쉽습니다.

좋아하는 일을 찾으라는 말을 듣다 보면 전공을 살리는 건 왠지 자신을 덜 탐색하고 선택하는 것 같다고 여겨져요. 더 멋진 기회가 있을지도 모르는데 영영 놓치는 게 아닌가 싶어 불안해하죠. '전공을 버려야 하나' 진지하게 고민하기도 합니다.

실제로 전공이 자신과 맞지 않아서 고민하기도 합니다. 수업이 재미없고 성적이 잘 나오지 않아서 전공이 맞지 않는 것 같다는 겁니다. 하지만 학교 성적과 업무 능력은 무관해요. 일은 지식으로만 하지 않아요. 상황과 시스템 속에서 각기 다른 사람들과의 관계 속에서 진척되어갑니다. 지식이 전부가 아니기 때문에 전공이 흥미롭지 않고 학교 성적이 잘 나오지 않는다고 일과 맞지 않을 것 같다고 속단하지 마세요.

"저는 사람을 만나 대화하는 것을 좋아해서 영업이 맞을 것 같아요. 컴퓨터 전공이 성향과 맞지 않는 것 같아요." 진영 씨는 컴퓨터 앞에 앉아서 꼼꼼하게 프로그래밍을 해낼 자신이 없다고 느꼈습니다. 옷을 저렴하게 사서 팔아봤는데 영업직이 자신과 잘 맞았다고 했어요. 일반 영업을 하기보다 배운 전공을 살려서 일할 수 있는 기술영업을 할 생각인데 기술영업은 현장에서 개발자로 경력을 쌓은 후에 진출하는 편이 유리하니 경력을 쌓을 때까지 견디고 그 후에 도전해보기로 마음먹었습니다. 이렇게 전공을 통해 진출하는 주요 직업이 자신과 맞지 않을 것 같아서 고민이 된다면 경력을 쌓아 나중에 성향에도 맞고 전공과 연관된 직업으로 변경하는 것도 방법입니다.

취업 전선에서는 직무와 관련된 전공자가 비전공자에 비해 유리할 수밖에 없어요. 입사 서류에 전공자는 직무와 연관 있는 전공과목, 팀 과제, 실습, 견학 등의 이야기를 비교적 수월하게 적을 수 있어요. 비전공자는 전문지식을 습득하기 위한 본인의 노력과 경험을 직무와 연관시키려면 전공자에 비해 부단한 노력이 필요합니다. 2016년 12월 한국직업능력개발원이 국내 대기업 100곳의 인사 담당자를 대상으로 진행한 설문에 의하면 전공의 직무 적합성, 졸업 시점, 평점 등이 입사 당락을 좌우하는 요소였다고 합니다. 한국직업능력개발원의 연구 결과 '전공의 직무 적합성'의 중요성이 강조된 만큼, 전공능력을 평가 절하하지 맙시다.

전공을 살리고 싶다면 워크넷(www.work.go.kr)에 있는

'대학 전공별 진로 가이드'를 살펴보세요. 한국고용정보원에서 발행된 책으로, 전공을 살려서 진출할 수 있는 직업 분야를 소개하고 있어요. 전공을 기초로 타 분야의 지식과 기술, 역량을 추가로 습득해 진출할 수 있는 '융합직업'과 구체적인 준비 방법을 제시합니다. 인문사회 계열, 예체능 계열 학과를 중심으로 전공·직무 관련 진로지도가 시급한 40개 이상의 전공을 선정하여(워크넷⇨직업, 진로⇨학과정보⇨전공 진로 가이드) 소개하고 있으니 내려받아서 활용하기 바랍니다. 수업에 의욕을 보이지 않던 학생들이 이 내용을 접한 후 수업에 임하는 눈빛이 달라질 정도로 알짜 정보가 가득해요.

공학 계열이라면 워크넷⇨직업, 진로⇨'학과정보'에 있는 내용을 추천합니다. 졸업 후의 분야가 언급되어 있고 직업명을 클릭하면 상세 정보로 연결됩니다. 자신에게 맞는 일의 성격, 가치, 흥미, 희망하는 직업 환경, 전망, 급여 등을 자세히 알 수 있어요. 동영상을 보며 필요한 능력, 지식 등에 대한 직업 정보도 탐색할 수 있습니다.

인문 계열 전공과 자신의 강점을 살려서 취업할 수 있는 분야를 소개합니다. '인구론(인문계의 90%가 논다)'이라는 신조어까지 만들어질 정도로 인문계 졸업생의 취업이 치열한 상황은 공급 인력에 비해 일자리가 적어서이기도 하지만, 직업 정보와 그에 대한 준비가 부족한 이유도 있어요. 따라서 자신의 강점을 발견해서 강점 맞춤식 취업을 하거나 다른 능력을 추가해서 여러 방편으로 진로 방향을 모색해볼 필요가 있어요. 예를 들어, 외국어 능력이 탁월하다면 산업보안요원을 고려해봐도 좋아요. 핵심 인재와 지적재산을 포함해서 회사의 모든 유무형의 자산을 지키는 업무를 담당합니다. 어학을 전공했거나 외국어 능력이 있다면 보안 지식만 추가로 갖추어 근무할 수 있어요. 이와 같은 인문 계열 융합직업의 종류와 인문 계열이 강세를 보이는 직업이 궁금하면 '인문 계열 진출 직업(한국고용정보원. 워크넷에 탑재)'을 내려받아서 읽어보기 바랍니다.

지금까지 소개한 정보보다 더 효과적인 정보는 무얼까요? 졸업한 선배, 혹은 그 분야에서 일하는 현직자들에게 얻는 정보예요. 학과실에서 정보를 얻거나 동문선배와의 만남, 학교의 경력개발센터(인재개발원. 취업지원센터)를 통해 오는 '멘토의 특강'을 눈여겨보세요. 알찬 정보는 기본이고 운이 좋으면 든든한 멘토를 얻을 수도 있어요.

잠깐, 이공계의 경우는 취업할 때 학점이 중요해요.

이공계의 취업 키워드는 전공의 전문성입니다. 학점이 좋으면 전공의 기초 지식을 갖췄으며 성실한 태도를 지녔다고 여깁니다. 입사 지원서에 전공과목을 상세하게 기술하도록 요구하는 기업이 늘어나고 있어요. 직무 수행에 필요한 과목을 충분히 수강했는지, 어려운 전공과목을 일부러 피하지는 않았는지 확인합니다. 전공과목 평점과 전체 평점을 따로 기재하여 평가하기도 해요. 전공과목에 비해 상대적으로 학점이 잘 나오는 교양과목을 많이 들은 학생 A와 전공에 대한 의욕으로 전공과목 위주로 듣다 보니 학점이 낮은 학생 B가 있어요. 기업에서는 어떤 사람을 선호할까요? 성적만으로는 A가 유리해 보이지만 전공에 대한 열정을 보여주기에는 B가 유리해요. 나아가 심화전공은 전공에 대한 관심과 노력을 보여줄 수 있는 전략적 접근입니다.

성향에 맞는 일을 하면 신바람이 난다

성향에 맞는 일을 하는 건 순풍에 돛 달고 항해하기처럼 손쉬울 수 있어요. 맞지 않는 일에 애써 맞추려 노력하지 않아도 됩니다. 집중이 수월하여 높은 만족도로 좋은 성과물을 얻을 수 있어요. 일에서 만족과 인정을 받으면 흥이 나서 즐겁게 일하게 돼죠. 여기에서의 성향은 근무 환경을 말합니다. 다른 사람과 접촉을 하는가, 외부 고객을 자주 대하는가, 결과에 대한 책임, 실내외 근무, 반복의 빈도, 정밀성, 새로운 기술을 습득해야 하는 빈도 등입니다. 이런 기준으로 본격적인 직업을 갖기 전에 일의 이상적인 부분을 걷어내고 현실적으로 나와 맞는지를 점검해야 합니다. 그 과정에서 희망하던 직업의 현실이 자기와 맞지 않을 경우 좌절하거나 당황하는데 그것조차 매우 중요한 깨달음이니 자기와 맞지 않다면 다른 길을 찾아야 합니다.

"연구직이 저에게 맞을 줄 알았는데 아니더라고요."

연구 부서에서 퇴사한 지혜 씨는 조용한 연구실 분위기가 맞지 않는다며 숨이 막힌다는 표정을 지었습니다. 학사 시절 연구실에 있을 때 연구직이 활기찬 분위기가 아니라는 건 알았지만 실제로 일할 때 적막함을 견디지 못할 줄은 몰랐다고 했습니다. 연구직이 멋져 보여서 석사 진학까지 했지만 계속 할 수 없겠다고 판단하고 관련 업종의 사무직으로 지원하기로 했습니다.

"빠른 결과물을 원해요."

승우 씨는 사범대를 다닐 때는 잘 몰랐는데 실습을 하고 학원에서 실제로 아이들을 가르치면서 본인과 맞지 않다는 것을 깨달았습니다. 한 해 동안 가르치고 나면 변화하는 학생도 있는 반면 그렇지 않은 학생도 있습니다. 아니, 정확히 말해서 교육의 결과물은 인내의 시간을 필요로 하기 때문에 본인이 가르치는 동안에는 학생의 성장을 못 볼 수도 있지요. 승우 씨는 즉각적인 결과물이 나오길 바랐기에 다른 직업을 선택하기로 마음을 바꿨습니다. 저는 교육 계열 전공자들이 교직 다음으로 선택하는 직업인 교재기획자를 해보면 어떻겠냐고 제안했지만, 승우 씨는 교재를 만드는 일에는 흥미가 없었어요. 책을 다루기보다 사람을 직접 만나고 싶어했고 빠른 결과를 확인하고 싶어했습니다. 성과 지향적이고 계획을 세워서 달성하는 즐거움을 중요하게 생각했습니다. 정리해보니 사람을 직접 응대하고 매출을 증진하는 것에 관심이 있어 영업직으로 전향해서 지원하기로 했습니다.

희망하는 일이 여러분에게 맞는지 알고 싶거나 그런 일을 찾고 싶다면 워크넷을 통해 알아볼 수 있어요. 워크넷 ⇨직업정보⇨직업검색 탭을 클릭하면 현재 자신이 갖춘 지식, 능력, 성향 등에 맞는 직업을 탐색할 수 있어요. 바라는 근무 환경을 확인할 수도 있고요. 새롭게 대두될 분야가 궁금하다면 '신직업, 창직 찾기' 탭에서 관련된 정보를 읽어도 좋습니다.

　　희망하는 일이 자신과 맞지 않다는 걸 알고 당황해서 상담실을 찾는 사람들에게 저는 '알았다'는 것만으로도

큰 수확이라고 지지해줍니다. '맞지 않는 이유'를 근거로
자신에게 맞는 일의 성격, 환경은 무엇인지 생각해보고
대응하는 일을 찾으면 한 단계 나아간 것이니까요.

부정적인 표현에 귀를 기울일 것

'싫어' '못 해'도 훌륭한 기준입니다. 진로는 자신을 아는 것에서 시작됩니다. 앎은 체험에서 나오고 체험을 통한 사고에서 나옵니다. 자기 자신을 모른 채로 보여주기 위한 스펙만 쌓거나 어떤 활동도 하지 않고 고민만 하면 직업 결정이 어려울 수 있어요. 자신에 대해 잘 모르겠으면 긍정적 질문이 아니라 부정적 질문으로 시작해도 좋습니다. 어떤 일이나 환경을 '싫어' '못 해'를 기준으로 삼아봅니다. 자신이 좋아하고 잘하는 일을 알려면 다양한 상황에 처해봐야 합니다. 예를 들어 열 가지 일을 해본 사람이 한 가지 일만을 해본 사람보다 좋고 싫은 마음을 훨씬 쉽게 비교할 수 있겠지요. 또한, 감정표현에 능해야 합니다. '좋아'라는 표현은 중간 지점이 아니라 자기감정에 충실한 지점입니다. 다양한 경험을 하지 못해서 자기 이해가 부족한 사람들에게 '좋아' '잘해' 기준에 도달하는 일을 찾는 건 너무나 어려운 일이에요. 타인과 비교하지 말고 자기 자신 안의 흥미와 강점을 찾으라고 해도 비교가 되기 때문입니다. 잘 해내는 사람들은 '탁월'해 보이고, 그 일을 좋아하는 사람들은 '열정'이 넘쳐나서 과연 내가 그들만큼 잘하는지 좋아하는지 모르겠으면 '싫어' '못해'를 기준으로 선택해보세요.

김영하 작가는 "젊은 세대에게 하고 싶은 일을 하라고 하는데 하고 싶은 일을 하는 게 사치"라고 말했습니다. 그렇습니다. 사회안전망이 튼튼하지 않은 상태에서 성공하거나 달성하기 어려운 무언가에 도전하려면 큰 위험을 감수해야 해요. 하고 싶은 일을 할 수 없다면 적어도 싫은 일, 못하겠는 일만 피해도 좋겠다는 생각에 상담할 때 좋아하는 게 무언지, 잘하는 게 무엇인지와 더불어서 '싫어하는 것', '못하는 것'에도 중심을 두고 이야기를 듣습니다. 자신과 전혀 맞지 않을 것 같은 일을 골라내면 의외로 진로 선택이 쉬워지기 때문입니다. 못하는 일이 '아이디어를 내거나 창의성을 요구하는 일'이거나 '도전적인 일'이라고 한다면 상품 개발이나 마케팅은 어려

울 수 있어요. 싫어하는 일이 '사람 만나기'이거나 '협상'
이라면 영업, 영업 관리, 기술영업, 해외 영업 등을 제외
해야 하고요. 상대적으로 사람을 덜 만나는 기업 내 회계
분야를 고려해볼 수도 있어요.

희망하는 일이 너무 많아서 무얼 선택할지 고민이라
면 '싫어' '못 해' 기준은 더없이 중요해요. 기준에 거르듯
골라보면 자신을 깊이 보는 데 도움이 됩니다.

· 생각 톡톡 · 아무래도 싫은 일

상황1

편의점에서 아르바이트를 했는데 별로였다면 무엇이 별로였는지 생각해보자. 손님을 응대해야 하는 게 싫었을 수도 있고 계산을 잘해야 해서 스트레스를 받았을 수 있다. 그렇다면 고객을 응대하는 일이 적은 일, 돈이나 숫자를 직접 다루지 않는 일을 제외하고 찾으면 된다.

상황2

매장에서 일을 하다가 다른 직원이 잘못했는데 내가 대신 죄송하다고 사과해야 하는 상황이 싫다면 자신의 책임 관할이 분명한 일을 선택하거나, 고객관리에 관한 일을 피하면 된다. 물론 직급이 높아지면 어떤 일에서든 책임지는 일을 맡겠지만 5년 이상 경력이 쌓인 이후라면 업무에 적응이 되어서 책임을 져야 하는 일이 덜 부담이 될 수도 있다.

훌륭한 방향키, 환경

"아버지께서 갑자기 퇴직을 하셔서 학비를 제가 벌어야 하거든요. 유학을 준비하고 있었는데 그만두고 취업을 해야 해요."

현진 씨는 금전적인 문제로 인해 자신의 꿈과 상관없이 갑작스런 상황에 놓이게 되어 속상하고 마음이 아픕니다. 친구들은 휴학해서 시간을 넉넉히 두고 취업 준비에 몰두하는데 가정 형편 때문에 휴학도 못 하고 곧바로 취업 준비에 뛰어들어야 하는 현실이 답답합니다. 부모님은 "우리 시절엔 휴학도 없었어. 곧바로 취업하는 게 뭐 그리 어려운 일이냐"고 다그치니 이해를 받지 못하는 것 같아 더더욱 속상해요. 달리는 경주마 가운데 갑자기 낀 당나귀가 된 기분입니다. 친구들처럼 취업을 준비할 시간이 충분하다면 좋은 기업에 취업할 수 있을 것 같은데 말이죠.

"준비도 못 했고 준비할 시간도 없는데 지금 취업할 수 있을까요?" 인문계 취업에는 직무 경험이 중요한데 현진 씨는 다행히도 패밀리 레스토랑과 휴대폰 매장에서 고객을 응대한 경험이 있었어요. 다른 아르바이트생들에 비해 일을 잘했고, 손님을 응대할 때 마음이 편했다고 했습니다. 손님들이 메뉴를 물어보는 경우를 대비해서 매장에서 권하는 메뉴 외에도 그들의 연령대와 자주 선택하는 메뉴를 연결시켜서 기억해두었습니다. 손님이 메뉴를 추천해달라고 하면 연령대가 비슷한 손님들이 골랐던 메뉴를 기억해서 추천했다고 했습니다. 기억력이 좋았고 손님 입장에서 생각하니 일할 때 흥이 났었다고 합니다. 그녀는 자신에게 잘 맞는다고 판단하여 고객 응대하는 분야로 방향을 설정하고 취업활동에 뛰어들었어요.

기업설명회 및 채용 상담도 꼬박꼬박 받고 틈틈이 인적성검사 준비를 했습니다. 수차례 자기소개서 첨삭을 받고 수십 통의 입사서류를 제출했습니다. 다행히 몇 곳을 통과해서 면접을 보게 되었어요. 신뢰가 가고 웃는 인상이어서 직무 관련 경험을 제대로 표현만 하면 합격이 예상되었죠. 긴장해서 무릎을 떨면서도 웃음 띤 얼굴을 유지하면서 수없이 면접 연습을 했습니다. 어느 초여름, 현진 씨는 밝게 상기된 표정으로 합격 소식을 가져왔습니다. 첫 취업 도전에 입사를 할 줄 몰랐다고 감격스러워했습니다. 취업 준비에 1년 이상의 공을 들인 사람들도 낙방하기 일쑤인데 그가 해냈으니 대견스러웠어요. 그는 경제적인 이유로 갑자기 학업이 아닌 일을 선택했지만, 취업을 준비하면서 유학 이후에 취업하는 것과 지금 취업하는 건 시간의 차이밖에 없다는 걸 깨달았다고 했습니다. 석사를 하고 취업을 한다면 자신이 목표했던 바여서 좋겠지만, 그보다는 고객 응대 분야를 준비할수록 자신과 맞는다는 느낌이 들어서 좋았다고요.

경제적 어려움 때문에 서둘렀던 그녀는 위기를 기회로 바꾸었어요. 어떤 환경에 놓였을 때 자신에게 불리한 부분보다 긍정적으로 타개할 수 있는 방법을 바라보면 분명히 길은 보입니다. 최선의 선택이 최상의 선택은 아닙니다. 선택 이후의 삶이 중요해요. 현진 씨가 '왜 나에게 이런 문제가 생긴 걸까?'에 얽매였다면, 언제까지나 가지 못한 길에 마음이 매였을 수 있어요. '어떻게 해야 이 문제를 해결할 수 있지?'라는 생각으로 취할 수 있

는 방법을 찾아 최선의 노력을 다해 최상의 결과를 거뒀
어요.

'흙수저 출신, 경력 단절 주부, 계약직 연구교수, 깨
뜨려야 할 유리 천장….' 이는 자신의 환경 속에서 최선
을 다한 박은정 교수를 수식하는 이야기입니다. 의대를
진학하고 싶었지만 가정 형편 때문에 전액 장학금을 주
는 건강관리학과로 진학합니다. 졸업 후에 한국전력에
입사하는데 결혼 후 임신으로 퇴사하여 경력 단절 여성
이 됩니다. 백혈병에 걸린 자녀, 친정엄마의 췌장암, 시
아버지의 식도암을 간병하며 가족들이 병에 걸리는 원
인을 고민합니다. 생활 주변의 오염물질이 만병의 원인
이라는 생각이 들어, 박사과정에서 '환경성 질환 원인 규
명'을 주제로 나노 독성학을 연구하게 됩니다. 현재 50세
로 아주대 의대 연구교수로 일하면서 뛰어난 연구물들로
2016년에 이어 2017년에도 연구성과 세계 상위 1% 연구
자HCR에 올랐어요.

박은정 교수가 가정 형편이 풍족해서 의대를 진학할
수 있었다면 어떤 결과가 나왔을까요? 의대에 진학했을
것이고 의사가 되었을지도 모르겠어요. 이런 열정을 가진
사람이라면 의사로서도 성공했을 거라고 생각해요. 하지

만 박은정 교수는 주어진 상황 속에서 선택을 이어갔고 그 속에서 적용점을 찾아 있는 힘껏 노력했습니다. 그렇게 의사가 아닌 연구교수가 됐고, 나노 독성학 연구성과로 세계 상위 1% 연구자에 오르는 명예를 가질 수 있었습니다. 가족들의 아픔과 연관된 연구였기에 더 집중하고 몰입했을 수 있어요. 상황 속에서 자신이 할 수 있는 최선의 선택을 한 박은정 교수에게 박수를 보냅니다.

진로를 결정하기 어려운 경우는 어쩌면 모든 경우의 문이 다 열려 있는 상황일 수도 있어요. 여기에 성인으로서 자신의 시간과 삶에 책임을 져야 한다는 현실이 어마어마한 부담으로 다가오기도 합니다. 불확실성이 더욱 커진 이 시대에 '책임'은 맨땅에 헤딩하는 것만 같이 힘들게 느껴질 것입니다. 이런 부담을 안은 채 제한적인 조건 속에 놓인 사람들은 상담실에서 한숨과 눈물을 쏟아내고 자신의 다양한 모습을 발견해나갔어요. 어려운 상황 속에서도 자신의 의지를 관철해서 해내야겠다는 꿈에 대한 '확고히 유형', 졸업에 대한 막연한 두려움 때문에 도피용으로 휴학, 유학, 고시를 생각했음을 아는 '두려워 유형', 그냥 부모님의 제안을 따르겠다는 '따르리 유형', 생각해보니 지금 맞는 것을 찾는 것도 괜찮을 것 같다는 '적응하리 유형' 등 어떤 경우에도 자신을 돌아볼 수 있는 경험과 기회를 가지면 깨닫거나 느낄 수 있어요. 그런 기회를 갖는다는 건 횡재입니다. 불평불만을 늘어놓기보다 주어진 것을 면밀히 보고 내게 맞는 선택을 해 적극적으로 행동하는 게 쉽지는 않은데 현진 씨나 박은정 교수는 잘 해냈어요. 그들에게 제한된 환경은 선택을 돕는 방향키였어요. 선택 이후에는 주어진 일에 몰두하여 준비하였습니다. 좌절하기보다 방향키라고 인지하면 희망이 보입니다. 길이 보여요.

현재와 미래를 동시에 잡다

시대에 따라 먹고살 직업은 바뀝니다. 현재에 대한 만족 만큼이나 미래에 대한 준비도 필요해요. 변화의 파도를 일으키거나 그렇지 못하겠다면 적어도 올라탈 수 있도록 준비하면 좋겠어요. 오늘의 만족만 바라보고 살기에는 직업 세계가 너무나 빠르게 변화하고 있어요. 나의 특성에만 초점을 맞추기보다 큰 사회적 흐름을 살피면서 그에 맞춰서 신기술, 정보를 습득해야 살아남을 수 있습니다. 진로상담에서는 개인의 선호, 강점 등 개인에게 맞춰서 일자리를 찾지만 이제는 개인의 특성 외에도 개인이 가진 여건과 직업의 환경에서 요구하는 경험을 할 필요가 있어요. 웹툰작가, 사물인터넷IoT개발자, UX·UI디자이너 등 신생 직업이 많이 생겼어요. 현재 눈앞에 있는 일자리가 지속적으로 성장한다는 보장은 없어요.

회계사와 변호사는 인공지능이 발달하면 가장 먼저 대체되는 직업군으로 꼽힙니다. 업무의 상당 부분이 인공지능으로 대체될 수 있다고 해요. 그래서 저는 뚜렷한 목적 없이 회계사나 변호사가 되려는 사람에게는 플랜B로 다른 직업이나 로스쿨, CPA를 준비해볼 것을 권하는데요. 이제까지 갖춰온 인문계 트랙을 접기가 아깝기도 하고 새로운 변화가 두려워 선뜻 받아들이지 못하는 사람이 대다수입니다.

지금은 시드니 여행의 명소가 된 오페라 하우스가 처음 공개되었을 때 전통적인 건물과는 다른 형태에 사람들의 반응이 영 신통치 않았다고 해요. 대부분의 사람은 익숙하지 않은 것을 마주하면 불편해하고 꺼립니다. 하물며 고등학교 3년간 문과 수업을 듣고 대학도 문과 계열로 온 학생이 이공 계열 공부도 장래에 필요하다고 해서 갑자기 이공계 공부를 한다고 생각해보세요. 낯선 용어가 가득한 교재가 익숙하지 않고 교수의 설명에 자신만 알아듣지 못하는 것 같아 답답하니 흥미를 붙이기가 쉽지 않을 거예요.

그런가 하면 이공계 분야로 생각을 확 틀어버리는 사

람도 있습니다. 한 번도 생각해보지 않았던 분야지만 확실한 정보를 접하니 자극이 되었다며 상기된 얼굴로 이 공계 분야를 더 깊이 탐색해볼 결의를 불태우기도 합니다. 건축가 마크 위글리는 "사람들은 낯선 것을 보고 당황해서 저항하는 와중에야 무언가를 배우는 것 같다. 하지만 종종 그 과정에서 낯선 것을 좋아하게 된다"라고 말했습니다. 새로운 직업 정보를 가까이하고 기술과 능력 향상을 위해 기본기를 익히면 한 단계 올라간 자신을 발견할 수 있습니다.

사회안전망이 충분하지 않기 때문에 개인이 오롯이 경쟁력을 갖고 자신을 지켜가야 합니다. 어떻게 해야 지킬 수 있는지 알아봅니다.

일자리가 충분하지 않은 경우에는 현실적인 직업의 전망, 업의 성장세를 봐야 합니다. 에너지, 금융서비스, 헬스케어, ICT 분야에서는 고용인원이 늘어나고 사회기반시설, 소비자, 미디어 분야에서는 감소할 것입니다. 컴퓨터, IT, 엔지니어링 등은 수학적 지식이 필요한 분야인데 이러한 분야에 일하는 노동자 중에는 남자가 많기 때문에 여성을 고용하는 분야가 상대적으로 줄어들 것입니다. 금융분석 플랫폼인 '켄쇼'는 금융전문가가 40여 시간

1장 · 일을 선택하는 다양한 기준

에 걸쳐 할 수 있는 일을 몇 분 만에 해결합니다. 인공 지능 의료 로봇 '왓슨'은 의사가 1년에 환자 1,700명을 보는데 이론적으로 20만 명의 환자를 진단할 수 있어요.* 은행업계에도 크나큰 변화가 있습니다. 비대면·모바일금융이 확대됨에 따라, 상경·인문계열을 선호했던 인재상이 점차 IT와 디지털 분야의 인재를 확대 모집하고 있어요.

선택가능성을 높일 수 있는 조건이 본인에게 없다면 능력, 기술을 갖춥니다. 신기술을 받아들이기 어렵다면 익숙하지 않아서 그런 것이니 서서히 가까이하는 걸 추천합니다. 한국데이터진흥원 창의인재개발실 손원길 차장은 "미국의 〈하버드비즈니스리뷰〉 같은 세계적 경영 잡지가 데이터 관련 직업을 미래 최고 직업으로 꼽는다"며 "점점 데이터를 기반으로 의사결정을 하는 회사가 늘고 있다. 많은 전문가가 미래의 모든 기업은 데이터분석가를 보유하게 될 것으로 예상한다"고 밝혔습니다.

미래 데이터 관련 직업의 특징 가운데 하나가 문·이과를 통합한 융합 지식이 필요하다는 점입니다. 숫자 위

---

* 《일의 미래: 무엇이 바뀌고 무엇이 오는가》, 선대인, 인플루엔셜, 2017

주가 아니라 텍스트·이미지·동영상 데이터를 분석하려면 어떤 데이터가 중요한지, 기술적 처리를 통해 나온 결과물 가운데 어떤 게 의미 있는지 판단하는 데 인문학 지식이 중요하기 때문입니다. 데이터 관련 직업은 컴퓨터공학이나 소프트웨어, 수학 전공자가 유리하지만 인문계이면서도 복수전공으로 데이터 관련 과목을 이수하는 것도 효과적입니다. 물론 이공계라 할지라도 인문학 소양을 쌓으면 데이터 분석 전문가로 활동하는 데 도움이 됩니다.

추가적으로 4차 산업혁명을 이끄는 기업이나 직업이 궁금하다면 워크넷(www.work.go.kr)을 통해 알아보세요. 4차 산업혁명 기업 정보와 채용정보로 나뉘어 있어요. 4차 산업혁명의 유망직업도 설명되어 있습니다. 사물인터넷전문가, 인공지능전문가, 가상증강현실전문가, 빅데이터전문가, 3D프린팅전문가, 드론전문가 등이 무슨 일을 하는지 어떤 역량을 필요로 하는지 일할 수 있는 기관, 기업은 어디인지 설명이 되어 있어요. 관련된 구인공고까지 같이 연결되어 있어 편리해요. 지역별로 검색할 수 있고 대기업, 공기업, 중견기업, 외국계 기업 등 기업형태에 따라 검색할 수 있어요. 기술력을 가진 전문직으로 취업하기보다 인문 계열 직업을 생각한다면 4차 산업혁명기업의 인문 계열직 취업 정보를 활용할 수 있어요. 정보를 통해 자신의 관심 분야도 발견할 수 있으니 일석이조입니다.

어릴 적에 많이 들어봤을 이솝우화 '시골쥐와 서울쥐' 이야기를 생각해봅시다. 시골쥐가 도시를 즐기지 못하고 서울쥐가 시골을 즐기지 못했던 까닭은 무엇이었을까요? 그들이 처음부터 살아온 장소, 환경에 익숙했기 때문입니다. 어린 시절에 서로 왕래하고 살았더라면 새로운 환경을 받아들이는 데 익숙할 수도 있어요. 이민 1.5세대 이상들이 새로운 가치관, 문화를 잘 받아들인다는 연구 결과가 이를 입증합니다. 이를 적용해본다면 현장을 일찍 만나서 필요한 능력, 기술이 무엇인지 알아보는 게 답입니다.

기업을 방문하고 재직자에게 정보를 얻고 지지를 받으면 진로를 탐색하고 취업 계획을 세우는 데 도움이 됩니다. 이에 더 나아가서는 기업 정보뿐 아니라 일의 미래에서 요구하는 능력을 습득하는 데 자극제가 됩니다.

이처럼 각종 미디어, 서적, 사람을 통해서 현재와 미래를 파악하고 유력한 신기술을 쌓아 적합한 인재로 거듭나기가 자신의 내면을 바라보는 것만큼이나 중요해요. 일의 미래와 외적인 환경을 고려하지 않고 개인의 성향만 바라보고 일을 선택하면, 추운 겨울날 여름 샌들을 신고 외출하는 것과 마찬가지인 격이죠.

나를 알면
선택이 쉬워진다

나도 모르는 나 자세히 들여다보기

내가 아는 나와 남이 아는 나

정물화로 사과를 그릴 때 평면적으로 그리면 실물과 유사하다고 느끼기 어렵습니다. 사과는 입체적이기 때문에 빛이 들어오는 여러 각도를 생각하면서 그려야 실물과 비슷하게 보이지요. 자신을 이해할 때도 이와 같아요. 자신이 아는 내가 전부가 아니니 여러 각도로 봐야 합니다. '조해리의 창Johari's window'이라는 이론이 있어요. 나와 다른 사람의 관계 속에서 자신이 어떤 상태인지를 설명하기 위해 심리학자인 조세프Joseph Luft와 해리Harry Ingham가 개발한 독창적인 개념입니다. 이 이론에 따르면 자신을 4가지 영역으로 나누는데 '내가 알고 남도 아는 나, 내가 알고 남이 모르는 나, 나는 모르고 남이 아는 나, 남이 모르고 나도 모르는 나'로 나눌 수 있어요.

	내가 아는 영역	내가 모르는 영역
타인이 아는 영역	Public Self (open area)	Blind spot (blind area)
타인이 모르는 영역	Private Self (hidden area)	Unknown

2017년 11월 7일 〈MK스타일〉 김석일 기자

도움말: 박규상(《낙서가 말해주는 심리이야기》 저자)

우리는 흔히 '내가 아는 나'를 먼저 압니다. '나는 모르는데 남이 아는 나'를 알 기회는 드물지요. 남이 보는 나를 알려면 가족, 친구, 선배 등 나를 오랫동안 지켜봐온 사람들에게 물어보세요. 좋게만 말해주는 사람보다는 아쉬운 점도 말해줄 수 있는 진솔한 사람에게 자기의 장단점을 물어봐요. 몰랐던 자신의 특성을 들을 수 있을 것입니다. 또, 자신이 알고 있던 장단점이라도 타인의 입을 통해 들으면 확신이 생기니 아는 사실이라도 그냥 넘어가지 말고 기록해두어요. 단점은 받아들이기 어려울 수 있어요. 장점은 액세서리처럼 더 많이 갖고 싶지만 단점은 발톱의 때처럼 숨기고 싶습니다. 그래도 인정하면 가슴 한편이 시원해지고 한층 커진 자신을 만날 수 있어요.

통계 속에서 나를 보다

인간에 대한 통계를 통해 나를 볼 수도 있어요. 심리검사의 결과는 구체적인 수와 그래프로 자기 이해를 돕습니다. 심리검사는 개인이 표시한 대로 결과가 나오는 자기보고식 검사가 대다수예요. 사실대로 응답하는 것이 기본 원칙이라 되고 싶은 이상적인 모습을 떠올리며 심리검사를 하면 본인의 모습과 다른 결과가 나옵니다. 예를 들면 정적인 사람인데 동적인 사람이 되고 싶은 마음에 '여가시간에 홀로 있기보다 각종 모임에 나간다'라는 항목에 '그렇다'고 여러 번 응답하면 결과가 외향적인 사람으로 나옵니다. 깊은 자기 이해를 위해서는 심리검사 결과를 가지고 상담을 받거나 스스로 물어보는 과정이 필수입니다.

직업 선호도(흥미) 검사를 한 수정 씨는 결과지를 받고 무척 실망했습니다. 어떤 항목만 점수가 높고 다른 항목은 점수가 낮았기 때문입니다. 하지만 상담을 통해 검사 해석을 듣고 선호도 검사에서 모든 점수가 높게 나오면 흥미 발달이 잘 되어 있다고 보기 어렵다는 걸 알게 되었어요. 수정 씨의 선호도(흥미) 점수는 높고 낮음이 구분되어서 흥미가 잘 발달해 있다는 해석을 듣고 안심했습니다. 학교 성적처럼 모든 항목에서 높은 점수가 나와야 좋은 줄 알았다며 해석을 듣지 않았으면 잘못 알았겠다고 다행스러워했어요. 상담을 통해 심리검사 결과를 맹신하거나 왜곡해서 받아들이지 않을 수 있었고 자신을 더 잘 이해할 수 있었습니다.

상담을 받을 여건이 되지 않으면 자신을 탐색하는 시간을 가지세요. 실제 자신과 맞거나 다른 내용을 구분합니다. 예를 들어 흥미검사에서 예술형이 나왔다고 해봅시다. "음악, 미술 등 다양한 예술 활동과 작품에 흥미와 관심을 가진다"라고 결과가 나오면 정말 그런지 되돌아보세요. 음악을 좋아하지 않는다면 음악 분야는 자신에게 맞지 않는 분야라고 생각하면 됩니다. 예술형이 갖는 모든 특징을 반드시 내가 다 가지고 있는 것이 아니라 어떤 특징은 내게 맞고 어떤 특징은 맞지 않을 수 있어요. 이 부분을 인식하고 탐색하면 나를 더 잘 알 수 있어요.

자신을 객관적으로 보기는 쉽지 않습니다. 주관적으

로 보며, 자기 마음에 들지 않는 측면은 인정하기 어려워요. 심리검사는 통계 속에서 내가 어떤 집단에 속하는지 알려주어 객관화를 돕습니다. 심리검사 결과를 100% 수용하라는 말은 아니에요. 강점이나 장점을 발견할 수도 있고 고개가 갸우뚱해지는 단점이나 약점을 볼 수도 있어요. 점수에 연연하기보다 검사 결과 중에 마음에 맺히는 지점이 있다면 그 부분을 자세히 들여다보세요. 그 어렵다는 '나 객관화'가 실현됩니다.

심리검사

- 적성검사: 무엇을 잘할 수 있는지 알려주는 검사. 자신이 가진 능력을 알 수 있고 성공 가능성도 예측할 수 있다. 언어활용능력(언어적성), 수리능력(수리적성) 등을 알 수 있다.
- 성격검사: 개인의 성향이나 성격을 알아보는 검사. 근무 환경에 잘 적응하거나 어떤 환경을 편하게 생각하는지 알 수 있어서 직업 선택에 도움이 된다.
- 흥미검사: 개인의 선호도를 아는 검사. 좋아하는 분야와 꺼리는 분야를 알 수 있다.
- 성인용 직업적성검사는 워크넷(www.work.go.kr)에서 무

료로 제공한다. 성격과 흥미를 한꺼번에 알 수 있는 성인
용 직업 선호도 검사(L형) 역시 무료로 워크넷에서 검사
를 받을 수 있다.

진로 가계도

성격과 지능의 절반은 부모에게서 물려받는다고 해요.
유전적 영향으로 부모나 친척이 잘한 일은 나에게도 잘
맞을 가능성이 높습니다. 가족과 친척의 직업을 조사하
면서 자신의 잠재력을 발견할 수도 있어요.

1. 부모님의 가족, 작성자의 입장에서 유전으로 연결된 3~4촌까
   지 적는다.(조부모, 삼촌, 이모, 고모 등)
2. 친척의 직업 명칭을 적는다.(가장 오래 종사한 직업과 전공 계열)
3. 반복되는 직업의 흐름을 찾아본다.

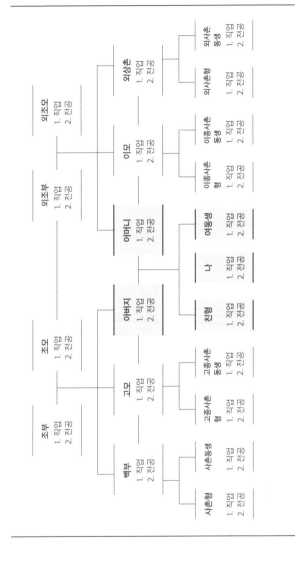

〈한겨레〉, '직업 가계도를 그려라, 진로가 보인다'

제 부모님은 굉장히 조용하고 말씀을 아끼십니다. 그러다 보니 가족 구성원 모두 일과 삶에 적극성은 있지만 대체로 조용합니다. 이와 달리 저는 타인 앞에 리더로 나서는 활동은 불편하지만 무대는 편안해요. 제 성향은 도대체 어디에서 나온 것인지 궁금했는데 직업 가계도를 통해 수수께끼가 풀렸어요. 농사를 지으셨던 큰아버지, 고모들이 청년 시절에 끼가 넘쳤다고 합니다. 6·25 전쟁으로 혼란스러운 정국에 청년문화대를 만들어서 연극, 노래, 시 낭송 등을 하시면서 지역사회에서 문화 활동을 하셨다고 합니다. 직업 가계도를 통해 무대 활동을 하셨던 어르신들이 집안에 계시다는 사실을 알게 되니 가족 속에서 특이하다고만 여겼던 제 성향이 이해가 되었습니다. 강의나 무대가 두렵지 않은 이유를 직업 가계도를 통해 찾으니 힘이 생겼습니다. 유전이 전부는 아니지만 알면 힘이 됩니다.

각종 활동을 통해 관찰한다

가정에서, 친구들과 어울릴 때, 동아리에서, 아르바이트 할 때 환경과 상황에 따른 자신의 모습을 다각도로 관찰해보세요. '나에게 맞는 일 찾기'에 필수조건이자 첫 번째

요건인 "나 자신을 알라"를 실행할 기회입니다. 가정에서는 한없이 게으르지만 친구들 사이에서는 리더십맨이고 동아리에서는 싹싹한 후배로 선배들의 관심을 받는 사람일 수 있어요. 다양한 각도에서 나를 보도록 노력합시다. 관찰한 만큼 나를 알 수 있고 일을 찾는 데 물꼬를 틀 수 있어요.

홀로 있을 때 나는 어떤 모습인가?

친구들과 있을 때 내 모습은 어떠한가?

조직(동아리, 아르바이트, 인턴, 직장)에서 내 모습은 어떠한가?

강점을 찾아서 차별화하기

인생의 진정한 비극은 우리가 충분한 강점을 갖고 있지 않다
는 데 있지 않고, 오히려 갖고 있는 강점을 충분히 활용하지 못
한다는 데 있다.

— 벤저민 프랭클린

"나도 잘하는 게 있었으면 좋겠어요. 나는 왜 잘하는 게
없을까요?"

능력을 표현하는 단어는 적성, 재능, 소질, 강점 등 다
양하지만 여기에서는 강점이라고 표현합니다. 여러분의
강점은 무엇인가요? 알려고 노력하거나 생각해본 일이
있나요? 누구에게나 강점은 있어요. 리포트나 PPT를 깔
끔하게 구성하는 사람, 살아 있는 회화 실력으로 외국인

친구를 사귀는 사람, 센스 있게 말을 잘해서 처음 만나는 사람에게 호감을 주는 사람 등 이들과 자신을 비교하면서 자책하거나 걱정하지 마세요. 지금 고민하는 것만으로도 여러분은 이미 훌륭해요. 강점은 타인과의 비교가 아니라 자신이 가진 여러 가지 잘하는 요인 중에서 뛰어난 자질을 말합니다. 타인과의 비교 속에 강점을 찾는다면 분야당 전 세계에서 한 명씩밖에 해당하지 않겠지요. 자신의 자질 중에 비교해서 찾아야 하는데 강점은 단순한 생각과 명상으로 찾기 어렵습니다. 해봐야 무얼 잘하는지 알 수 있으니 경험에 노출되어야 해요.

《위대한 나의 발견 강점 혁명》의 마커스 버킹엄은 강점은 재능, 지식, 기술로 이루어져 있는데 "학습 속도가 유난히 빠른 분야가 있다면 거기에서 재능이나 재능이 될 만한 가능성을 발견할 수 있다"라고 말합니다. 전공 분야나 현재 배우고 있는 직업훈련에서 성적이 높거나 특별히 공부를 열심히 하지 않았는데 두각을 나타낸다면 그 분야에 재능이 있을 가능성이 있어요. 학업 능력과 업무 능력이 반드시 일치하지는 않지만 연결성이 있거든요. 경험을 통해서 '어, 생각보다 내가 잘하네?' '이런 면이 있었네?' 이렇게 몰랐던 자신을 알아갈 수 있어요. 스스로 알 수도 있지만 같이 일하는 상사나 동료가 인정해 주면 탄력을 받지요.

"은서 씨, 시작한 지 얼마 되지 않았는데 일을 금방 배우네요?"
"해광아, 신입 아르바이트생 교육은 네가 해도 되겠다."

자신을 알아간다는 건 우주의 별 하나를 찾아낸 것보다 더 신비한 일입니다. 새로운 경험이 두렵다면 자신의 일상을 타인의 시선으로 관찰해봅시다. 색다른 자신을 발견할 수 있어요. 여러분이 언제 즐겁거나 힘든지 잘 관찰해보세요. 영화를 볼 때 재밌는 장면이 나오면 웃고, 감동적인 대목에 눈물을 흘립니다. 웃고 눈물을 흘릴 때는 내가 왜 웃지? 눈물을 흘리지? 하나씩 분석하면서 감정을 표현하지 않습니다. 영화 관람 후에 '그 장면 웃기지 않았니?' '음악 좋더라' 등 감상을 나눌 때 비로소 맞아, 그랬지, 하고 자신의 감정을 압니다. 상황 속에서는 알 수 없어요. 돌이켜봐야 알 수 있어요. 공부를 잘하는 법칙과도 유사해요. 공부를 잘하려면 한 번으로 끝내지 않고 다시 읽고 이해해야 합니다. 반복을 통해 배운 것을 강화하고 소화하여 완전히 자신의 것으로 만들 수 있어요. 수많은 공부법 책이 반복학습의 중요성을 말하고 있어요.

처음 접하는 순간부터 좋아지는 일은 드뭅니다. '자꾸 보아야 예쁘다'라는 글귀처럼 내게 맞는 일을 찾을 때도 반복해야 알 수 있어요. '아, 내가 그때, 그래서, 그 일을 좋아했구나'라는 깨달음이 찾아옵니다. '잘하는 것 같은데…'라는 생각에서 오는 실낱 같은 자기 인정은 타인의 평가를 통해 더욱 확신을 가질 수 있어요. "혜성 씨는 추진력 있게 잘하네." 추진력이 있는 것 같다는 느낌에 타인의 인정과 평가를 더하면 자신감이 생깁니다. 느낌은 이성이 아니라 직감에 가깝기 때문입니다. 잘하는 일은 타인이 인정합니다. 잘한다는 건 객관적 기준이 있지만 좋아한다는 것은 객관적이기보다 주관적입니다. 물론 심리검사에서 '흥미'라는 기준을 내세우긴 하지만 일반적으로 좋아한다는 건 사람마다 달라요.

재능을 우수하게 만들고 싶다면 제대로 된 방식으로 여러 번 반복하면 됩니다. 처음부터 우수한 능력을 발휘하는 사람은 드물어요. 조금 부족해도 거듭하면서 실력이 늘어가고 기술을 갖게 됩니다. 일의 반복 속에 알게 모르게 쌓인 학습 정보가 지식이 됩니다. 그렇게 쌓은 지식과 기술이 사회에서 인정받을 수 있는 강점이 됩니다. 사람은 인정받으면 잘하고 싶어서 더 열심히 노력합니다. 타인은 노력하는 여러분을 인정합니다. 자신을 뛰어난 인재라 생각하면서 성장 가능성이 있고 변하지 않는 강점을 관리한다면 자신의 강점, 어느 누구도 훔쳐갈 수 없는 보물을 관리할 수 있어요. 다음과 같이 자신의 강점을 찾아봅시다.

- 편안한 분위기로 사람들의 이야기를 귀담아들어 합의점을 도출한다.
- 팀을 살리는 조력자 역할을 한다.
- 관찰력으로 미세한 차이를 알아낼 수 있다.
- 2~3년 이상 한 가지 일(동아리 활동, 아르바이트 등)을 꾸준히 했다.

EBS에서 2,700여 명의 성인을 대상으로 직업과 적성(강점 지능)에 대한 설문조사를 했습니다. 직업과 적성이 일치하지 않는다는 응답이 51%가 나왔어요. 또한 직업을 바꾸길 희망하는 사람이 54%였습니다. 자신의 직업에 불만이 많은 사람 중에서 일부를(의사나 교사같이 다수가 선호하는 일을 직업으로 가진 사람들도 있었다) 대상으로 강점을 확인했는데 놀랍게도 자신이 이직하려는 직업과 일치하는 결과가 나왔습니다. 이를 통해 적성이 직업 만족도에 미치는 영향을 알 수 있었습니다. 잘하는 일을 살리는 것은 백 세 인생에서 매우 중요해요. 앞으로 직업, 직장을 여러 번 바꾸면서 살아갈 테니, 늦게 찾았다고 아쉬워하지 않아도 됩니다. 만일 뒤늦게 알았다면 지금의 상황, 나이에 접목할 수 있는 일이나 취미, 봉사활동을 하면서 확장해봅시다.

화가 앙리 마티스는 처음에는 그림 그리기를 원하지 않았습니다. 변호사 사무실의 서기로 근무하고 있었고 붓을 들어본 적도 없었어요. 앙리 마티스는 지독한 독감에 걸려서 회복하는 중이었는데, 이런 아들의 기분을 좋게 해주기 위해 어머니가 미술 도구를 선물합니다. 앙리 마티스는 미술 도구를 접하고 에너지가 솟는 것을 느낍니다. 4년간 독학으로 그림공부에 매달려 파리의 명문 미술학교에 입학해서 학위를 받습니다.

앙리 마티스만큼 거창한 행보가 아니어도 좋습니다. 정리정돈, 사업계획서 작성, 멘토링, 교육, 연극, 영업 등 자신이 눈에 띄게 학습 성과를 내거나 학습하지 않았는

데 해내거나 유달리 관심 가는 분야가 있다면 가능성이
있으니 잡아봅시다.

가치를 찾아서 의미 있게 일하기

학생들에게 "선생님은 어떻게 자기의 길인지 확신할 수 있었나요?"라는 질문을 받을 때가 종종 있습니다. 그럴 때마다 제가 상담가로 일하게 되기까지 거쳐온 과정과 그 과정에서 중요하게 생각한 가치를 들려줍니다.

사람 사랑

다른 사람과 의논해서 무언가를 만들고 발표하는 모든 일이 즐거웠다. 일대일로 만나든 여럿이 만나든 대화를 통해 무언가를 만들어가는 것이 좋았다. 무슨 일을 하더라도 사람을 만나는 일을 해야겠다고 마음먹었다.

사무실에 앉아서 근무하기보다 사무실 밖에 나가서 전
단지를 배포하러 돌아다니거나 설거지하고 서빙하는
일, 움직임이 있는 일이 나에게 맞다고 느꼈다.

활동적이고 사람을 만나는 일은 무얼까 골똘히 찾다가
기자라는 생각이 들었어요. 그래서 오디오와 음악을 다
루는 잡지사에서 일을 시작했습니다. 저는 '유명인사가
소장한 오디오와 삶에 대한 인터뷰'를 맡았어요. 저는 팔
팔한 신입 기자였고 유명인 '김'을 인터뷰하기 위해 애정
공세를 펼쳤습니다. 얼마나 요란하게 요청했는지 김은
인터뷰를 승낙했습니다. '오예~!' 방송에서만 볼 수 있는
사람을 만나다니 꿈만 같았어요. 하지만 팬심으로 접근
해서 기대가 너무 컸던 걸까요? 예상하지 못한 일로 실망
하게 되었습니다. 인터뷰를 마친 얼마 뒤였어요. 소장 오
디오 사진 촬영을 다시 했으면 좋겠다고 연락이 왔습니
다. 현재 자신이 소장하고 있는 것보다 고급 오디오를 최
근에 샀으니 잡지에 새 오디오로 바꿔서 게재해달라는
거였어요. 자신이 소장했던 오디오가 오디오 전문 잡지
에 올리기에 너무 보잘것없다는 생각에 보다 비싼 오디

오를 산 것 같았습니다. 새것을 소장하고 있던 것처럼 바꿔서 기록해달라는 건 제 기준에서 진실이 아니었어요. 매우 불쾌해서 사진기자만 가도록 했습니다. 김의 가식이 싫어 팬심은 끝났습니다. 다시는 김의 방송을 보지 않았어요. 이 사건 이후로 기자직의 한계를 생각하게 되었습니다. 독자가 궁금해하는 이야기보다 인터뷰 대상자가 대중에게 알리고 싶은 이야기를 그가 원하는 방식으로 담아야 할 수도 있다는 사실이, 정직한 사실보다는 흥미 위주로 작성될 수 있다는 점이 마음에 들지 않았어요. 인터뷰 대상이 진실이 아닌 것을 진실인 것처럼 포장하기를 바랄 수도 있고, 그렇게 보여주는 데 저와 제 글이 사용된다는 데 회의를 느꼈습니다. 맞지 않는 무거운 옷을 걸치고 있는 느낌이었어요. 직업을 고민하며 '나는 누구인가?'라는 질문을 던졌고 두 장면이 떠올랐어요.

정직

해가 쨍쨍 비치는 여름 날. 초등학생 저학년 꼬마가 입술을 앙다물고 걸어간다. 문방구 주인이 거스름돈으로 50원을 더 준 거다. 동전을 땅에 떨어뜨릴까봐 꽉 쥐는 바람에 주먹엔 땀이 찼다. 터벅터벅 걸어서 땀에 번들

거리는 50원을 돌려주고 집으로 돌아온다. 쪼그만 내가 50원을 돌려준 행동에 주인이 어떤 반응을 보였는지는 기억나지 않지만 내가 한 행동은 무척 선명하게 기억한다. 50원과 내리쬐는 햇빛. 그리고 뒤이은 어머니의 퉁명스런 한마디. "더운데 거기까지 다시 갔냐?" 누구의 칭찬도 없었지만, 나의 정직한 행동에 뿌듯했던 그날의 장면은 문신처럼 따라다닌다.

도움(봉사)

유치원 시절, 동생이 아플 때 머리에 물수건을 얹어주고 돌봐줄 때 기분이 편안했다. 뭔가 가슴이 몽글몽글하게 따뜻해지는 느낌. 연이어 떠오른 장면은 봉사 장면이었다. 대학 시절, 아르바이트를 하지 않는 방학에는 자원봉사를 했다. 졸업 후에 일자리를 얻지 못했을 때도 자원봉사를 했다. 취업이 되지 않아 괴로워도 누군가를 도울 힘과 시간이 있다는 것이 기뻤다.

무릎을 쳤습니다! 옳거니. 기자 일을 하면서 제가 불편해했던 이유를 확실히 알 수 있었습니다. 제가 중요하게 생각하는 덕목인 '정직'을 거스르는 상황이 싫었다는 깨달음을 얻었어요. 그리고 기자는 사람을 직접 도와주는 일이 아니라 기사를 작성해서 정보를 제공하는 일이었어요. 저는 직접 사람을 돕는 일을 하고 싶었어요. 사람들과 부대끼면서 활동적이고 정직하게 봉사할 수 있는 일을 찾아야겠다고 결심했습니다. 그러다 사회복지 전공을 우대하는 직업상담사 일을 접했는데 제게 잘 맞았어요. 상담교육을 받았기 때문에 일을 하는 데 두려움은 없었어요. 계획하지 않았지만 제가 꿈꿨던 '사람' '정직' '봉사'의 덕목에 맞는 일이었습니다. 노동부의 직업상담원으로 근무하면서 매우 만족스러웠어요. 전문가가 되기 위해 근무하는 동안 자격증을 취득하고 대학원에 진학했습니다. 30세에 노동부 사내강사로 데뷔하면서 드디어 20세 새내기에 꿈꿨던 전문가가 되었어요. 활동적인 특성을 살려서 일할 수 있으니 더 즐거웠습니다. 수많은 경험과 가치를 통해 '나의 길'이라는 확신을 갖고 걸어오다 보니 15년 이상을 달렸더라고요.

가치관은 같은 일을 하는 사람들이 다른 생각, 다른 태도로 일하도록 만듭니다. 물건을 팔면서 미소를 짓는 사람과 무표정으로 파는 사람의 차이를 만듭니다. 누군가는 사람을 응대하는 일이 즐거워서 미소를 지을 수도 있지만, 사람을 만나는 일이 힘든 사람은 고객이 어서 가버리기만을 기다릴 수도 있습니다. 가치관에 따라 같은 일을 해도 다른 결과를 가져옵니다.

일하는 자신의 성향을 생각해본 적이 없다면 일상에 비추어 생각해봐도 좋습니다. 가족, 교우관계, 대외활동, 아르바이트 등 일상 속에서 여러분은 어떤 가치를 중요하게 여기는지 생각해보세요. 끊임없이 질문하면 과거의 장면들이 떠오를 것입니다. 회상 속에서 여러분은 무엇에 만족해하고 기뻐하나요? 어떤 가치를 꿈꾸나요?

인생학점 취득하기

자격증, 어학 점수, 학점. 허들을 넘는 것처럼 일정 수준의 점수를 만들어야 입사할 수 있다면 필요한 것들이지만 정말 요구되는 것이 아니라면 과감하게 생략해도 좋습니다. 그보다 성공 경험, 칭찬이나 인정받은 경험, 갈등, 좌절한 경험 등이 쌓였을 때 인생학점이 쌓입니다. 인생학점은 살아가는 데 도움이 되는, 결코 공부만 해서는 알 수 없는, 진짜 내공입니다. 경험을 통해 뇌가 자극되고 뇌의 신경망이 자극됩니다. 신경세포의 시냅스*가 연결되고 정보가 오가는 길이 생겨요. 반복되면 뇌가 강화되어

* 다른 신경 세포와 접합하는 부위. 다리 역할을 한다.

필요한 사고와 행동을 분별해낼 수 있어요.

진로문제 해결력은 경험이 쌓여 성장한 뇌가 벌이는 게임입니다. 보고 느끼고 생각한 것을 저장하고 감정적으로 좋다, 싫다, 별로, 보통이다 등을 판단합니다. 판단을 이성의 뇌가 하는 것 같지만 결정적으로 감정의 뇌가 작동해야 결정할 수 있어요. 전두엽은 선택지를 놓고 이성적으로 평가합니다. 이걸 선택하면 어떤 일이 벌어질지, 얻는 것과 잃게 될 것은 무엇일지를 확인합니다. 변연계는 감정적으로 평가해요. 자신의 감정과 타인의 감정이 상하지 않도록 공감하며 자신이 결정하는 과정을 감정적으로 동의하는 것이 변연계의 일이에요. 한 장의 널빤지보다 여러 개로 겹쳐진 것이 더 견고한 것처럼 다양한 경험을 하고 선택 훈련을 했을수록 단단한 확신을 가질 수 있어요. '이 일 말고 다른 일이 더 잘 맞으면 어떡하지? 다른 일도 시도했어야 했던 것 아닐까' 하는 고민도 내려놓을 수 있고요. 깊은 샘물이 많은 물을 담고 깊은 바다가 돌을 던져도 치우침이 없듯이 경험이 많으면 자신이 가야 할 바를 알고 묵묵히 갈 의욕이 솟아납니다.

처음 직업 상담 일을 할 때는 개인이 하고 싶은 일은 내면에 있기 때문에 개인의 특성과 처한 여건을 분석

하고 직업 환경과 같이 고려하면 그에 맞는 직업군을 선택할 수 있다고 생각했습니다. 하지만 상담과 강의를 통해 수많은 사람을 만나면서 개인의 특성은 그가 살아온 일상과 활동 속에서 알 수 있고, 환경과 조율한 결과라는 것을 깨달았습니다. 다른 말로 말하면 현실과의 타협이고 자신에게 꼭 맞는 일을 찾기가 아니라 주어진 현실에서 맞을지도 모르는 '괜찮은 일' '나쁘지 않은 일'을 택해서 경험치를 넓히기가 더 낫다는 확신을 갖게 되었어요.

경험은 예측보다 정확하다

"프로그래머는 나에게 ○○% 맞겠군. 변리사는 ○○% 맞지 않으니 곤란해."

이와 같은 미래 예측 감각을 갖고 태어난 사람은 없습니다. 물론 이런 수치를 보여주는 심리검사가 있기는 하지만 한정된 직무에 한하기에 모든 직업과 자신을 연결한 점수가 나오지는 않아요. 사람은 수많은 상황을 겪으면서 일과 자신에 대해 알 수 있기에 경험스펙을 쌓기를 추천합니다. 단, 기업에 평가받기 위해서 경쟁적으로 쌓기보다 여러분을 알고 성장하는 방편으로 경험스펙을 쌓으세요. 기획서를 써보지 않으면 자신이 잘 작성하는지 알 수 없거든요. 조직원으로 프로젝트에 참여하지 않으면 타인과 일로서 관계를 잘 맺는지 자신할 수 없어요. 일이 잘 진행되도록 하려면 의사소통을 어떻게 해야 하는지, 갈등 관계를 어떻게 풀어가야 좋은지 직접 체험해봐야 알 수 있어요. 봉사활동, 동아리 활동, 아르바이트, 인턴 등 손발을 움직여서 직접 활동해봅시다. 현장에 자신을 노출해야 내가 그 일을 좋아하는지, 잘하는지, 나쁘지 않은지, 가치 있다 여길지 등을 알 수 있어요.

프랑스 인시아드 경영대학원의 허미니아 아이바라 교수는 저서 《마침내 내 일을 찾았다》에서 인생을 변화시키는 데 성공한 사람들을 소개합니다. 직업을 획기적으로 바꾸는 데 성공한 서른아홉 명의 사람을 만난 결과, '행동하기 전에 자신이 원하는 바를 알아내는 것이 아니라 행동을 해서 원하는 바를 알게 된다'고 주장합니다. 행동하고 경험하고 질문하고 다시 행동하는 과정을 통해서만 자기 이해가 깊어지고 무엇을 해낼 수 있는지 알 수 있다고요. 어떤 일을 좋아하거나 관심을 갖게 된 순간들은 여러 활동을 접하다가 만나는 찰나의 순간이기도 하고, 지속적으로 같은 일을 하다가 알게 되기도 합니다. 다양한 활동을 해봐야 하는 이유입니다.

예린 씨는 저학년 때는 진로 고민이 없었지만 학년이 높아지면서 자신에게 맞는 일이 무얼까 고민하기 시작했습니다. 도움을 받기 위해 진로 수업을 들으니까 전혀 몰랐던 직종을 알게 되거나 자신의 성향을 아는 데는 도움이 되었지만 자기의 성향이 어떤 직업군에 맞을지는 감이 잡히지 않았습니다. 그러다가 우연히 학교의 취업부서에서 아르바이트할 기회를 얻었어요. 기대하지 않았는데 취업부서에서의 일로 정말 큰 깨달음을 얻었습니다. 강의장 준비를 하면서 취업시장, 기업, 직업, 직무에 대해서 알게 되고 각종 정보와 현직자, 취업부서 직원의 조언을 접하면서 생각의 반경이 넓어졌습니다. 무엇보다 좋았던 건 취업부서 일을 하면서 인사팀 일이 자신과 맞을 것 같다는 생각이 들었던 겁니다. 사람 관리, 동기부여, 교육하기 등이 흥미롭게 여겨졌습니다. 그리고 평소 인사의 사무적인 일을 해낼 수 있을지 자신이 없었지만 취업부서에서 사무를 보면서 처음보다는 잘하고 있다고 스스로에게 자신감을 불어넣었어요. 아르바이트 후에 인사팀 인턴을 시작했는데 예상대로 즐겁게 해냈습니다. 인사팀은 신입을 잘 채용하지 않아서 취업이 쉽지 않다는 걸 알고 있었지만 좋아하고 잘하는 일이라는 확신이 생겨서 계속 도전할 수 있었습니다. 예린 씨는 수차례 고배를 마신 끝에 결국 희망하던 인사팀에 합격했습니다. 유사한 일을 해봤기 때문에 확신을 갖고 지속적으로 입사 지원할 수 있었던 겁니다.

예린 씨의 경우처럼 현장체험이 직업을 결정하는 중요한 요인이라는 건 다음의 통계에서 알 수 있어요. 졸업을 앞둔 대학생 10명 가운데 4명은 아직 진로를 결정하지 못한 것으로 나타났어요. 잡코리아와 알바몬이 2017년 대학 4학년생 752명에게 향후 어떤 일을 하고 싶은지, 또 진로를 결정했는지를 물어본 결과 응답자의 60%만이 진로를 결정했다고 답했습니다. 반면 아직 진로를 결정하지 못했다고 답한 응답자도 40%로 적지 않았습니다. 진로를 결정했다고 답한 대학생은 진로를 결정할 때 가장 도움이 된 요인으로 평소 본인의 생각과 하고 싶던 일(46.8%)을 고려했다고 답했습니다. 또 아르바이트 경험이 도움이 됐다는 대학생도 27.9%나 됐어요. 이외에 대학생들은 진로를 결정함에 있어 성격유형검사나 적성검사 결과(18%), 전공수업(17.7%), 취업강의, 진로캠프(17.1%) 등을 고려하였습니다.* 진로 결정에 아르바이트, 진로검사, 전공수업, 취업강의, 진로캠프가 도움이 되었다는 걸 알 수 있어요. 그중에서도 아르바이트는 도움이 되는 큰 요인이었어요. 일을 해봐야 일의 특성을 익히고 근무 환경이 맞는지 알 수 있어요. 아무 경험과 정보가 없는데 중력처럼 여러분을 끌어당기는 일은 없어요. 체득한 것이 있어야 여러분의 모습이 밖으로 드러납니다. 자석처럼 여러분에게 맞는 직업 세계로 끌어당깁니다.

---

* 〈공무원수험신문〉, 2017. 4 . 4. '졸업 앞둔 대학 4학년, 10명 중 4명은 진로 결정 못해'

좁고 깊은 경험 vs. 넓고 얕은 경험

"다양한 경험을 해보라고 하잖아요. 한 분야로 할까요? 다양한 분야로 할까요?"

마음 먹은 일이 있다면 그 분야와 관련된 활동을 해보세요. 직접 해보면서 나와 잘 맞는지를 분명히 알 수 있고 연관된 경험이 있기 때문에 취업, 창업, 창직을 할 때 유리해요. 하고 싶은 일이 분명하지 않다면 다양한 분야를 접해보세요. 자신이 무엇에 자신감이 있는지, 관심이 있는지, 나쁘지 않게 생각하는지를 알 수 있어요. 정말 하고 싶은 분야를 찾기보다 일자리가 충분한지, 능력을 갖추기 위해 노력할 수 있을지가 중요하기도 해요.

어떤 이들은 현장 경험이 중요하다고 하니 이런저런 활동을 해오긴 했는데 얼마나 더 해야 할지 고민합니다.

스스로 얼마나 준비된 상태인지 알 수 없으니 어느 정도 면 취업이 될지 가늠이 되지 않기 때문입니다. 불안감을 줄이고 싶다면 취업 포트폴리오를 만들어봐요. 훈련, 동아리, 인턴, 아르바이트, 의미 있는 과제 등 자신에게 도움이 되었던 활동, 현재의 나를 만든 내용을 사진과 글로 간략히 정리해봅니다. 성격의 장점, 능력의 강점을 적어보면 의외로 머릿속이 맑아지고 자신감이 생깁니다. '이만 하면 꽤 괜찮네?'라는 생각이 들면 불안을 극복할 수 있어요. 진로에 방향성이 없었던 사람이라면 취업 포트폴리오를 작성해봄으로써 자신에게 맞는 직업군의 방향을 잡을 수도 있어요.

외국에서는 진로 발달을 위해 어려서부터 풍부한 경험과 기회를 주려고 노력합니다. 유럽의 국가에서는 중등교육 기간에 직업현장 체험을 의무화하고 있어요. 이에 비해 한국은 한두 번의 적성테스트와 진학상담을 하는 것이 고교 진로교육의 전부입니다. 최근 들어서는 진로 교과가 생겼지만, 동영상을 틀어주고 종이에 기록하게 하는 방식이어서 학생들에게 큰 도움이 되지는 못한다고 하더라고요. 못다 한 것을 고등학교 졸업 후, 대학에 와서 하려고 하니 시간이 없습니다. 학교, 학원, 집이 전부였던 한국 학생들은 체계적인 시스템이 아닌 개개인의 노력으로 직업현장에 접근해야 하는 상황에 놓이지요.

제대로 겪을 것을 겪은 후에야 스스로 일어설 의욕을 얻을 수 있어요. 경험이 많지 않아서 선택과 실행에 앞서서 전전긍긍하는 건 개인의 몫이 되었어요. 불안과 방황이 청춘의 특권이라지만 '방황'을 해도 결과를 예측할 수 없기에 선택에 앞서 주저하게 됩니다. 너무나 가혹한 환경이지만 개인이 할 수 있는 행동은 무얼까요?

우리는 경험을 통해 뇌에 행동 회로를 만들어요. 해마에 골 깊은 줄 하나를 만들어서 경험한 일을 이해하기 쉽게 만들어놓습니다. 직접적인 경험과 정보를 취득하면 일을 결정하기 어려워하는 가장 큰 요인인 '직업에 대한 이해 부족'을 줄일 수 있어요.

형석 씨는 요즘 유망한 신생에너지 분야에 관심이 생겼습니다. 전망이 좋다는 말에 솔깃해서 알아보니 괜찮을 것 같아서 준비하고 싶어졌어요. 자격증 시험을 준비해야 하고 신생 분야라서 정보도 많지 않은데 일을 할 수 있을지 걱정이 되어 찾아왔습니다. 신생분야이니 인터넷정보만 맹신하기보다 현직자를 찾아가서 산업, 직업에 대한 정보를 알아보라고 제안했습니다. 어렵게 공부해서 자격을 갖췄는데 근무 환경, 일자리 상황이 예상과 다르면 시간과 노력이 아깝기 때문에 알아보고 접근해야 합니다. 물론 알아보고 준비했는데도 실제로 해봤을 때 다를 수 있지만 필요한 정보를 접해보고 시험을 준비하는 편이 불일치로 인한 리스크를 줄일 수 있어요. 그 분야에서 일하고 있는 사람을 찾아가 궁금한 사항을 물어보고, 업무 환경을 관찰할 기회를 가져보면 좋습니다. 형석 씨는 재직자와의 인터뷰 후에 확신을 갖고 시험을 준비하기로 결정했습니다.

정재승 교수는 자신의 책《열두 발자국》에서 젊은 시절에 적극적으로 방황하는 법을 배우라고 말합니다. '방황의 시간' 동안 세상을 탐구하면서 자신만의 지도를 그리고 조금씩 업데이트하는 과정을 거쳐야 후회 없는 선택을 할 수 있다고요. 아직 희망 분야가 없다면 희망 분야가 생길 때까지 기다리지 말고 눈앞에 주어진 것들이 자신의 성향과 너무 무관하지 않다면 나중에 도움이 될 거라 믿으며 정보를 습득하고 시작해보길 바랍니다.

일과 썸 탈 시간이 필요해

첫눈에 반한 사이가 아니라면 자주 보고 인사하고 밥 먹고 커피도 마시고 같이 영화도 보러 다니면서 차차 친밀감이 생깁니다. 일도 마찬가지예요. 일과 여러분도 썸 탈 시간이 필요해요. 이 일이 나랑 맞는지 아닌지 간 보고 알아볼 시간. 그런데 썸 탈 시간이 필요하다고 말하기보다 꿈과 목표를 가지라고 말합니다.

학생들과의 질의응답 수업은 언제나 즐겁습니다. 학생들이 제 질문에 자극을 받고 생각을 하면서 일방적인 가르침 방식보다 제대로 깨우치기 때문입니다. 현장을 만나는 것도 중요하다고 생각해서 저는 학생들에게 직장인을 만나서 인터뷰하는 과제를 내줍니다. 직장인에게 어떤 조언을 주로 많이 들었는지 물으면 학생들은 얼굴이 싱기뇐 채 대답합니다.

"꿈을 가져라, 목표를 세워서 정진해라, 열정을 가져라요."

"그럼 선배들은 처음부터 꿈을 가지거나 목표를 세웠다고 하던가요?"

"음… 아니요."

"그럼 어떻게 된 거죠? 처음부터 꿈과 목표가 있었던건 아닌데 여러분에게 지금 꿈과 목표를 가지라고 하신거네요?"

"음… 네…!"

대화를 하면서 학생들은 조금씩 상황을 이해해갔습니다. 직장인들이 꿈과 목표가 처음부터 생긴 게 아니라그냥… 그냥 하다 보니까 알게 되었다는 것입니다. 얼떨결에 어른이 된 것마냥 말입니다.

그렇습니다. 그들은 일하다 보니까 전문가가 되었어요. 처음부터 꿈을 꾸고 목표를 세워서 돌진하는 경우는드물어요. 누군가의 권유로 작은 경험을 시작하고 정보를 쌓아가고 내 길인가? 생각하면서 혹은 그럴 겨를도 없이 중심에 서서 일하고 있습니다. 싫지도 나쁘지도 않았기 때문에, 자신과 맞는 것 같아서 계속 달린 겁니다. 보통 자기계발서나 진로교육에서는 목표를 세우고 그에 따라 계획을 세워 과정과 결과를 만들어가라고 하지만 일을 시작하는 데 필요한 것은 목표가 아니라 과정이 먼저입니다. 과정에 따라 결과가 생기고 그에 따라 일에 대한 목표, 목적이 생기는 사례가 많습니다.

> 명희 씨는 항공우주산업을 꿈꾸지 않았지만 학교 근처에 항공우주 관련 기업이 다수 있어서 우연히 그 기업들과 항공우주산업과 관련된 연구에 많이 참여하게 되었어요. 잘 몰랐던 분야이지만 한 번, 두 번, 세 번 계속해서 하다 보니 흥미를 갖게 되었고 이해력이 생겼습니다. 이해력이 높아지니까 잘한다는 인정도 받아서 자신감이 생겼어요. 처음 연구에 참여할 때는 전혀 그럴 의도가 없었지만 반복해서 참가하다 보니 항공우주 분야의 지식과 연구 경험을 인정받을 수 있는 이력이 쌓였고 그래서 일을 잘한다고 판단했기 때문에 이 분야로 마음을 굳혔습니다.

빌 게이츠가 컴퓨터로 세상을 바꿔야지, 하고 컴퓨터를 배웠을까요? 아닙니다. 빌 게이츠가 다닌 중학교의 지하에 진짜 컴퓨터는 아니지만(당시의 개발력으로는 최신식인) 컴퓨터 시스템에 연결한 기계가 들어왔는데 그 기계를 사용하고 싶어서 친구들과 매일 밤 드나들다 보니 실력이 향상되었어요. 우연을 운명으로 만든 건 그가 들였던 시간이었어요. 컴퓨터 세상을 꿈꾸게 한 밑거름이 된 겁니다.

성공한 사람들이 처음부터 지금의 자리까지 도달하겠다는 목표를 세우지 않았다는 사실을 충분히 이해했을 것입니다. '하다 보니까' 거기까지 올랐던 거예요. 각종 매체에 비친 성공한 사람들은 "하다 보니까 여기까지 왔다" "목표가 있었더라면 더 잘 왔을 것 같으니"를 생략하고 "청춘들이여! 목표를 세워서 정진하세요. 꿈을 가지세요"라고만 합니다. 그들이 생략한 말들. 너무나 중요한 말을 기억해요. "하다 보니까 여기까지 왔어요. 과정을 시작하세요." 여러분이 매일 밥을 먹는 건 영양분 섭취를 위해서입니다. 뇌도 각종 정보와 행동이 있어야 결정영양분을 공급받을 수 있어요. 결정을 앞둔 뇌는 경험으로 배고픕니다. 숙고만 하고 아무 경험도 하지 않기보다 묵묵히 살아내는 하루, 아무거나의 경험이 필요해요. 예로 친구의 추천으로 봉사활동을 갔는데 너무 지루했다면 그런 종류의 일은 선택지에서 접으면 됩니다. 20대에는 전두엽의 발달로 이성적이고 고차원적으로 사고하기 시작하는데 체험이 부족하면 판단을 내리기 어렵습니다. 일과 썸 탈 시간이 더욱 중요해지는 이유입니다. 일과 썸 타는 시간이 있어야 고백타임(목표)도 생깁니다. 목표를 갖고 싶다면 썸(과정)은 필수예요. 할까 말까 하는 공모전, 선배가 제안하는 아르바이트, 각종 기관에서의 서포터즈, 궁금해지는 일자리 등 망설이지 말고 고!

이같이 제가 오랜 상담과 강의 끝에 발견한 것을 미국의 존 크롬볼츠 박사는 '계획된 우연이론'으로 발표했습니다. 크롬볼츠 박사와 인터뷰한 대부분의 성공한 사람들이 "인생을 계획하고 그에 맞춰 실천한 것이 아니라 그때그때 주어진 상황에 맞춰 최선을 다하다 보니 성공했다"라고 고백했다고 합니다.

안타깝게도 현재 진행되고 있는 직업, 진로교육은 변함없이 여러분에게 목표를 세우고 그에 맞춰서 행동하라고 가르칩니다. 물론 저도 과거에는 그랬어요. 이에 대한 이야기는 3장 '버리고 채울 것'에서 좀 더 해보겠습니다.

2장 · 나를 알면 선택이 쉬워진다

최고의 성공 아이템을 획득하다

실패는 변형된 축복이야. 새로운 마음가짐으로 시작할 수 있는 자유를 주기 때문이지.
《결국 당신은 이길 것이다》, 샤론 레흐트, 나폴레온 힐, 흐름출판, 2013

"2년 동안 행정고시 준비하다가 떨어져서 취업하려고 상담실에 왔어요⋯."

상담실에 와서 어깨를 축 늘어뜨리고 이렇게 말하는 학생들에게 저는 이렇게 말합니다. "잘 왔어요. 고시 준비보다 취업 준비가 쉬울 수 있어요. 한 분야에서 안 되어 왔기 때문에 절실함 때문인지 그냥 취업 준비에 뛰어드는 학생들보다 더 열심히 해서 좋은 결과가 있는 걸 봐

왔으니 걱정 말아요." 정말 그랬습니다. 대학원 준비를 하다가 갑자기 집안의 경제 상황 때문에 그만두고 취업으로 전향하거나 시험을 준비하다가 계속된 고배로 지쳐서 취업을 하겠다고 오는 학생들은 취업에서 좋은 결과가 있었습니다. 한 분야에 전력 질주를 했다가 안 된 경험이 있어서, 다른 분야인 취업 준비에 최선을 다했고 결국엔 원하던 결과를 얻어냈습니다.

기준 씨는 2~3년간 고시를 준비했는데 낙방해서 취업을 준비하러 왔어요. 학원에서 아르바이트 한 일, 과외 경험밖에 없어서 고민했습니다. 학원에서 학생들을 가르칠 때, 중요하게 여기거나 인정받았던 것을 물었습니다. 원장선생님께 인정받을 정도로 열정적으로 가르쳤다는 것, 수업을 재밌게 느끼도록 학생들을 위해 수업 내용을 충실히 짜려고 노력한 걸 알았습니다. 정교사도 아닌 보조교사인데 최선을 다한 모습을 입사 서류와 면접에서 충실히 표현했습니다. 자기소개서를 고치고 또 고치고 면접을 연습하고 피드백을 받았습니다. 결과는 희망 기업에 합격할 수 있었습니다.

수많은 기준 씨들을 상담하면서 무엇 하나에 집중했던 과거 경험이 중요하다고 느꼈어요. 시험에 떨어져서 세상이 다 끝난 것처럼 마음이 괴롭고 쓰라렸지만 결국은 투자한 시간, 노력의 결과를 다른 분야에서 얻은 셈입니다.

"오 계절이여 오 성이여! 상처 없는 영혼이 어디 있으랴!" 랭보의 한마디는 청춘에게 위안이 됩니다. 청춘의 시기가 얼마나 쓰라리고 아픈 것인지 알기에 상담을 하다 보면 눈물을 참아야 할 때가 많아요. '아픈 만큼 성숙해진다'는 말이 너무 싫습니다. 이렇게 무책임한 말이 다 있나요. 많이 아프면 더 성숙해진다는 건데 그걸 증명할 만큼 아픔=성숙은 과연 필요조건일까요? 상관관계가 있다, 정도가 아닐까 싶습니다. 굳이 아프지 않아도 성장하고 성숙할 수 있으니까요. 성숙해지고 싶은 만큼만 아팠으면 좋겠어요. 맷집이 생길 때도 되었는데 아픔은 맷집도 굳은살도 생기지 않아요. 대신 세월을 겪어내면서 알게 된 한 가지. 지나간다. 모든 것은 지나가리라. 솔로몬의 반지에 적혀 있었다는 문구처럼 모든 것은 지나갈 테니 의연히 보내주세요. 그 힘으로 새로운 기회에 도전해서 결과를 일궈가면 더 좋은 열매를 맺을 수 있어요. 지금 이 순간 대학원이나 시험 준비를 하다가 떨어져서 취업을 준비하나요? 걱정 마세요. 최선을 다해 공부했던 것처럼 취업을 준비하면 됩니다.

영국 속담에 '잔잔한 바다에서는 좋은 뱃사공이 만들어지지 않는다'는 말이 있습니다. 풍랑이 없는 바다에서는 뱃사공의 실력이 쉬이 성장하지 않지만 거센 파도와 거친 비바람을 겪으면 그에 맞게 운항하려 노력하기 때문에 실력이 더 향상된다는 이야기입니다. 우리는 실패를 해봤기 때문에 더욱 강력한 연료를 지니고 운항할 수 있어요. 시작은 누구에게나 두렵고 어렵습니다. 주변과 전문가에게 도움을 청해 객관적인 정보를 알아보고 주관적인 의견들을 들으며 자신의 생각을 정리해나가길 바랍니다. 그 과정을 통해 새로운 시작에 자신감을 가질 수 있어요.

세상에 공짜가 어딨어

주말에 친구들과 만나서 무슨 영화를 보고 무엇을 먹을까를 고심하지만 정작 수년, 수십 년을 계속할 일을 찾는데는 많은 시간을 할애하지 않습니다. 구체적인 행동이나 직접적인 조사보다는 손품을 팔아 얻은 '카더라 통신'에만 의지하기도 합니다. 어떻게 알아봐야 할지 막막해서 어떻게든 되겠지, 하는 안일한 생각에 미루기도 해요.

성향에 맞는 일을 하고 싶다면 구체적인 사전 조사와 자신의 기준 정리가 필요해요. 옷을 고를 때 색상, 스타일, 사이즈 등 기준을 세우면 수월하게 살 수 있는 것처럼 말입니다. 큰 틀 안에서 일의 성격과 내가 잘 맞는지를 생각할 수 있는 질문들이 있어서 몇 가지 적어볼게요. 이미 일을 하고 있거나 희망하는 일이 있다면 다음 질문을 참고합니다.《냉정한 이타주의자》*에서는 직업의 주된 특성에 주의하라며 나에게 맞는 일을 찾을 수 있는 추천 질문을 제시했습니다.

· 이 일이 내 적성에 맞는가?

· 나는 이 일에 얼마나 만족하는가?

· 즐겁게 일할 수 있는가?

· 이런 유형의 일을(다른 사람이나 다른 일과 비교해 볼 때)
  얼마나 잘하는가?

· 이 일을 하면서 얼마나 영향을 미칠 수 있는가?

· 이 일이 내 영향력을 키우는 데 얼마나 보탬이 되는가?

· 이 일을 하면 역량, 인맥, 자격을 갖추는 데 얼마나 도움이 되는가?

· 이 일이 다른 기회를 열어줄 것인가?

· 이 일을 하면서 이다음에 하고 싶은 일에 대해 배울 수 있는가?

나에게 맞는 일을 찾는 질문

* 《냉정한 이타주의자》, 윌리엄 맥어스킬, 부키, 2017

실전 경험보다 효과적인 공부는 없습니다. 직접 일을 해보면서 사람들을 만나고 상황 속에서 자신의 성향을 알 수 있으니 일과 유사한 기회를 자주 접할수록 좋습니다.

"저는 조용하고 소극적인 사람인 줄 알았는데 일을 해보니까 적극적이고 자기주장도 필요할 때는 하더라고요." 일을 통해 자기에 대해 새롭게 알게 되었다며 흥미로워하는 사람이 많아요. 여러분 또한 해보지 못한 경험을 통해 몰랐던 성향을 알아갈 수 있어요.

"현장에서만 일하고 싶어요. 승진하면 관리 직급으로 일해야 하는데 그게 싫어요." 나중에 고민해도 되는데 벌써 고민입니다. 관리 직급으로 일할 때 오는 스트레스는 대다수의 직장인이 겪는 성장통입니다. 관리 직급에서 요구하는 대인관계 기술이 필요하니 부족한 부분을 연마해야 합니다. 물론 공부한다고 해결되지 않으니 현장에서 부딪혀볼 수밖에요.

이렇듯 성향에 맞는 일을 찾아도 맞지 않는 순간들, 적응해야 할 일이 계속 생깁니다. 이직을 하거나 부서를 이동하게 되면 맡는 일, 책임 범위, 업무 분위기가 달라집니다. 자기에게 꼭 맞는 일과 근무 환경만 찾을 수도 할 수도 없습니다. 방법은 하나, 일의 특성이나 근무 환경에 자신을 맞춰가는 거예요. 자신에게 맞는 일을 하더라도 근무하다 보면 주어진 역할 외에 다른 일도 하게 됩니다. 직업상담 일은 상담과 강의가 주력 업무이지만 이를 뒷받침할 행정업무 또한 해야 해요. 예로 행사를 진행하려면 홍보물을 제작하고 물품을 구매하고 포장하고 세팅하고 심지어는 행사장 꾸미기까지 해야 한답니다! 주어진 환경 속에서 여러분이 원하는 욕구를 충족시키려 노력해 보면 어떨까요? 세상에 공짜는 없어요. 일을 잘해내기 위해서는 일과 사람이 조화를 이루어가는 맞춤 과정이 필요해요. 일이 수월해지기까지는 시간이 걸리겠지만 결국에 여러분은 원숙하게 해내게 됩니다. 일에 맞춰가다가 어느 순간에는 일에 몰입까지 할 수 있다면 더할 나위 없이 좋겠어요. 춤을 출 때 음악의 리듬에 몸을 맡기듯이, 일과 함께 리듬에 맞춰 춤을 춘다고 생각하면 어떨까요. 슬로~ 슬로~ 퀵! 퀵!

질문을 하면 길이 보인다

지금 여러분은 근면과 성실이란 미명 아래 사유의 의무를 방기하고 있는 것은 아닌가?

지금 여러분은 마땅히 생각해야 할 것을 생각하고 있는가?

—《예루살렘의 아이히만》, 한나 아렌트, 한길사, 2006

의심은 성장의 기반이 됩니다. 질문을 하면 생각하기 시작하고 보이지 않는 사항에 대해 숙고합니다. 자신을 성장시키고 돌아보게 하는 질문 속에 무엇을 어떻게 해야 할지 깨달아가게 됩니다. 쉬운 질문부터 해봅시다. 한 주를 시작하기에 앞서 이번 주에 무얼할지 계획합니다. 이때 이번 주에 무얼 할까? 하는 질문도 좋고 무엇을 하면 '나의 희망사항'에 더 다가갈까, 어떻게 하면 내가 더 행복할까? 하는 질문도 좋습니다.

UCLA 의대에서 22년 동안 성공을 연구한 로버트 마우어 교수는 우리의 뇌는 갑작스러운 변화를 생존에 대한 위협으로 받아들이기 때문에 모든 변화는 아주 작고, 가볍고, 부담이 없어야 한다고 말합니다.* 또한 그는 새롭게 설정한 모든 일을 쉽게 달성할 수 있는 과학적이고 구체적인 방법을 제시하는데 그 방법 중 하나가 바로 문제 해결을 위해 자신을 향해 작고 재밌는 질문을 해보라는 것입니다. 작은 질문을 던지면 편도체(방어 반응을 통제하는 곳)는 조용히 잠들게 되고, 놀기 좋아하는 대뇌피질이 깨어나 질문을 흡수하고 마법처럼 창의적인 아이디어를 쏟아내는 순간이 온다고요. 이 과정을 통해서 자신에게 의미 있는 변화를 이끌어낼 수 있다며 작은 질문하기를 적극적으로 권합니다. 질문을 자주 하지 않았던 사람에게는 익숙하지 않아서 질문의 유용성에 의문이 들 수도 있겠어요. 스스로에게 질문해보기의 중요성과 관련해서 다음의 이야기를 들려주고 싶습니다.

---

* 《아주 작은 반복의 힘》, 로버트 마우어, 스몰빅라이프, 2016

질문은 우리를 각성하는 효과가 있어요. 한나 아렌트의 '악의 평범성'이라는 이론이 있어요. 나치 정권에 충성했던 아이히만이라는 인물을 조명하면서 생각을 하지 않는 인간이 얼마나 단순해지고 맹목적일 수 있는지 밝힙니다. 아이히만은 히틀러 정권에서 유대인 말살정책에 동조하여 수많은 유대인을 사망에 이르게 했던 인물로 망명생활 중에 납치되어 이스라엘 법정에서 재판을 받게 됩니다. 사람들은 아이히만이 매우 악한 사람일 것이라고 예상했으나 아이히만의 지극히 평범함에 놀랍니다. 그의 재판과정을 지켜보던 한나 아렌트는 '악의 평범성', 악은 지극히 쉽게 올 수 있으며 인간의 사유만이 방지할 수 있다는 이론을 발표합니다. 아이히만은 자신이 하는 일이 어떤 결과를 가져오는지 생각하기보다 권위에 순종하며 승진하는 데 신경을 썼습니다. 때문에 유대인에게 나쁜 감정이 없는데도 쉽게 가해하는 악행을 저질렀다고 해요. 나중에 아이히만이 평범하게 보이려고 쇼를 한 것이라는 이야기가 나왔음에도 이 이론은 지금까지도 지지를 받고 있습니다. '인간의 사유'를 지지하며 타인에 대한 비판뿐 아니라 자신을 돌아보는 데도 활용할 수 있습니다. 사유는 인간만이 누릴 수 있는 가치 있는 일입니다.

자신의 삶을 결정 짓는 힘이 나오는 원천이니 사유를 멈춰선 안 됩니다. 이제 스스로에게 질문을 던져볼 때입니다. '왜 일(취업, 창업, 창직)을 하고 싶나? 일이 아닌 다른 방법(취미 등)을 통해서도 충족될 수 있나?' 습관처럼 질문하기를 즐기면 조금씩 달라지고 원하는 모습에 가까워지는 자신을 발견할 수 있어요. 다음은 자신에 대해 알고 싶어 하던 선경 씨와 상담할 때의 대화입니다.

> "카페에서 아르바이트를 했어요. 성심성의껏 고객을 대하고 자주 오시는 분들은 얼굴이랑 주문하는 메뉴를 외웠어요. 가벼운 대화도 하고요. 조금이라도 더 잘 응대하려고 노력했어요."
> "어떻게(어떤 마음으로, 왜) 그렇게까지 했어요?"
> "일이 아니라 저에겐 (고객들이) 사람이었어요."

아르바이트인데 일보다 사람이 중요해서 주인의식을 갖고 일했다고 얘기했습니다. 자신이 중요하게 여기는 가치를 말하는 선경 씨의 얼굴에서 광채가 났어요. 이런 말을 일상에서 혹은 면접에서 한다면 그는 매력 있는 사람으로 인정받을 겁니다. 의도, 이유를 물어보는 질문을 통해 그 행동을 하는 사람이 소중하게 여기는 가치를 알 수 있어요. 선경 씨는 사람을 돕거나 돕는 일과 연관된 일을 해야겠다고 마음먹었습니다. 질문을 스스로 묻고 답하다 보면 마음이 정리되면서 단단해집니다. 경험하고 질문하고 답하고를 반복하면 어느 순간 나를 발견할 수 있어요.

　자아를 만나는 길목에 질문이 있어요. 질문하기 활동이 뇌에 길을 만들어갑니다. "왜 그랬을까?" "왜 지금 이 일을 할까?" 자신을 찾을 수 있는 질문을 던지고 길을 만들어가는 삽질 속에 자신과 상황을 종합적으로 볼 수 있는 힘이 길러집니다. 질문하기를 통해 자신만의 고유한 특성을 볼 수 있어요.

·생각 톡톡· **내-일을 위한 오늘의 질문**

나에게 성공한 삶이란?

그렇다면 어떻게 살고 싶은가?

어떤 사람이 되고 싶은가?

어떤 일을 하면 즐겁고 만족스러울 수 있을까?

이전에 꿈꾸었던 적이 있지만, 살아오면서 희망하지 않게 된 직업 분야는
무엇인가? 이유는 무엇인가?

나를 행복하게 하는 세 가지는?

누가 뭐라 해도 하고 싶은 일은?

'이거 하나는 자신 있다' 하는 일은 뭘까?

진로를 위해 한 일은 어떤 것이 있고 그중 좋은 방법은 무엇이었나?

해야 했는데 안 했던 일은 무엇이고 잘 진척되지 않았던 까닭은 무엇인가?

취업이, 진로가 가장 중요한 과제라면 이를 위해 오늘 할 수 있는 일은
무엇일까?

취업, 진로를 위해 하루에 1~5분 동안 할 수 있는 일은 무엇일까?

좀 더 활기찬 생활을 위해서 당장 해볼 수 있는 작은 일들은 무엇이 있을까?

나를 의심하면 또 다른 내가 보여

'나는 이런 사람이야'에 해당하는 성격, 흥미, 가치관, 능력은 변하지 않을까요? '나'라고 정의된 모습은 언제든지 바뀔 수 있어요. 공부는 학생의 본분이어서 열심히 했다는 개그우먼 박지선은 줄곧 1등을 놓치지 않는 모범생이었습니다. 그런 그녀에게는 꿈이 없었대요. 이유는? "학교에서 꿈은 가르쳐주지 않잖아요." 역시 모범생답게 학교에서 가르쳐준 것에 충실했기 때문입니다. "짜인 시간표대로 살다가 갑자기 (자신이) 들을 수업을 알아서 정하라니까 머리가 하얘졌어요." 대학 입학 후 박지선이 처음으로 수강신청 할 때 내린 결정은? 단짝이랑 4년 내내 시간표를 똑같이 짜기로 했습니다. 친구 따라 강남 간다더니 친구 따라 교사 임용시험 준비도 했습니다. 그러다가

'이게 정말 내가 원하는 게 맞나?' '과연 내가 행복한 때는 언제였지?'라고 질문합니다. 스스로 질문한 끝에 생각난 장면은 친구들을 즐겁게 해줄 때였다고 합니다. "친구들이 웃는 걸 보면 어떤 희열 같은 게 느껴졌어요." 무대 위에 섰을 때 행복했고, 하고 싶은 걸 한다는 건 이런 느낌이라는 걸 알았기에 하던 공부를 멈추었습니다. 세상에 이렇게 생긴 얼굴은 단 하나밖에 없으니 못생겼다고 생각하지 않는다는 그녀. 자신에 대한 자신감과 끼가 넘칩니다. "저는 남을 웃길 때 제일 행복해요. 앞으로도 어떤 선택을 하든 저 자신이 행복할 수 있는 길을 찾을 겁니다." 박지선이 스스로에게 던진 의심은 정말 유용했습니다.

나라는 사람은 어떻게 이루어진 걸까요? 몸을 이루는 세포들은 시간에 따라 소멸되고 생성되고를 반복합니다. 우리가 매일 바라보는 거울 속의 나는 변하지 않은 것 같지만 오랜만에 만나는 사람들은 "너 멋있어졌다" "활기차 보인다" 하고 달라진 것을 알아챕니다. 인체의 세포는 365일 재생과 소멸을 반복합니다. 세포는 1초 동안 5천만 개 재생되고 동일한 수만큼 죽습니다. 세포는 피부 가장 아랫부분에서 생성되어 피부 최상단 각질층에 이르러 사멸하는 데 28일이 걸립니다.* 개인이 스스로 느낄 수 없을 만큼 변화하는 몸은 상황에 따라 대처방식을 다르게 할 수도 있어요.

상황에 따라 신체 리듬과 사고, 대처방식이 바뀔 수 있어요. 관계를 좋아하는 사람이 자신과 잘 맞는 사람들을 만나면서 좋아하지 않는 운동을 즐겨 할 수도 있고 잘 보이고 싶은 이성 앞에서 좀처럼 하지 않던 행동을 하거나 혹은 먹지 않던 음식을 열심히 먹기도 합니다. 여러분도 그런 경험이 있을 겁니다. 상황에 따라 혹은 함께하는 사람이 누구냐에 따라 다르게 행동하는 자신을 발견하고 놀랐던 경험 말입니다.

치과의사 김미주 씨는 2016년 10월 동물대체실험 연구 분야의 노벨상이라고 불리는 '러시프라이즈(신진연구자 부문)를 한국인 최초로 수상했습니다. 사회학도가 되고 싶었고, 외교관을 꿈꿨다가 영어과에 합격했지만 영어만을 목적으로 공부하는 것에 한계를 느끼고 다시 원광

* 〈미디어파주〉, 2018. 8. 15.

대 치과대학에 입학합니다. 수업이 '왜 그런지' 탐구하기보다는 그냥 암기해야 하는 부분이 많아 답답해서 그만둘까 고민도 했는데 돌파구로 치과재료생체재료학 실험실에서 학생 신분으로 연구를 병행했습니다. 3년간 기초학 연구에 푹 빠져 더 폭넓은 공부를 할 수 있었습니다. 치과재료생체재료학이란 치과 재료의 생체 적합성 및 독성 평가, 위해성 평가에 대한 시험과 연구를 하는 학문입니다. 김미주 씨는 경희대 치과대학 학술연구교수, 일산복음병원치과과장, 연세대 치과대학 연구조교수를 지냈습니다. 현재는 치과의사로서의 삶에 안주할 수도 있지만 "폭넓게 공부해서 치과 치료 시술을 획기적으로 바꿀 수 있는 재료를 개발하고 싶다"며 미국 유학을 준비하고 있습니다.[*]

김미주 씨가 인문 계열인 영어과를 그대로 다녔다면 현재의 그는 없었을 것입니다. 자신에게 주어진 여건을 넘어서 다시 시험을 치르고 치과대학에 입학했지만 치과

---

[*] 〈중앙일보〉, 2018. 4. 23.

학문이 자신과 맞지 않았습니다. 어떻게 할지 고민하지 않고 그만두었다면 치과 치료 재료의 개발을 꿈꾸는 그는 없었을 것입니다. 자신이 선택한 일을 꾸준히 밀고 나가는 방법보다 한계를 느낀 김미주 씨는 '나는 이런 사람이야'라는 정의를 두 번이나 넘어섰습니다. 정의를 넘어서는 일은 쉽지 않지만 넘어선 한계만큼 여러분은 커집니다.

일과 연관성이 있거나 없어도 새로운 환경과 경험에 자신을 노출해보면서 자신을 새로운 각도로 보는 것도 좋은 방법입니다. 바뀌지 않는 것은 없어요. 사물이 시간에 따라 변화하듯이 나 또한 변합니다. 기존의 시선으로 가두지 말고 자신에게 새로운 기회를 제공하고 의심해봅시다. 내가 아는 내가 맞나?

지금 제대로 후회하라

"뭘 해야 후회 없는 스무 살을 보낼까요?"

카이스트 정재승 교수가 청춘콘서트에서 새내기 대학생의 질문을 받고 이렇게 답했습니다. "후회는 내가 한 선택과 하지 않은 선택을 머릿속으로 그리면서 비교하는 행위입니다. "후회 없는 삶이란 저급한 뇌의 활동입니다. 후회하는 삶만이 더 나은 선택을 합니다. 능동적으로 후회하세요." 능동적인 후회, 후회란 공으로 있는 힘껏 땅을 내려치면 튀어오르는 에너지와 같아요. 주먹으로 땅바닥을 치면서 크게 후회해야 더 크게 튀어오를 수 있습니다. 수업시간에도 이를 적용합니다. 고학년 학생들에게 저학년으로 되돌아간다면 하고 싶은 것들을 적어보라고 하면 다음과 같은 내용이 나옵니다.

"해볼 걸"

- 컴퓨터와 TV만 하고 집 콕 했던 시간에 뛰쳐나가서 놀 거다.
- 여행을 하겠다.
- 국토대장정, 어학연수를 떠난다.
- 교환학생을 한다.
- 해외 인턴
- 취업이 고학년이 되어야 본격적으로 시작해야 하는 것으로 알고 아무것도 하지 않아서 아쉽다.
- 희망 기업의 자기소개서 항목을 미리 보겠다.
- 일과 관련된 자격증, 조건을 충족하기 위해 노력했을 거다.
- 학교 동아리, 각종 그룹에 참여하고 싶다.
- 제2외국어 공부를 열심히 하고 싶다.

"아쉬운 마음만큼 지금을 잘 살자"라고 하고는 이번에는 자신이 지난 수년간(학창시절) 잘한 것들을 적어서 발표하도록 합니다. 성공담을 돌아가며 발표하기 시작하면 '이야기를 해도 되나' 하던 머뭇거림은 사라지고, 어느 순간 웃음과 박수 소리가 교실을 가득 채웁니다.

잘한 일

- 교환학생
- 외국 학생들과 같이 여행한 경험
- 인턴
- 해외 인턴
- 공모전 참여
- 토론대회 참여
- 아르바이트 꾸준히 한 일
- 동아리 행사 잘 진행한 일

이 과정을 마칠 때면 생각보다 '괜찮은 나'를 발견했다고들 하는데 예전처럼 앞으로도 잘할 수 있다고 진심을 다해 격려해줍니다. 땅을 칠 만큼 후회하게 만들고는 힘차게 하늘을 바라보게 한다고나 할까요? 학생들 입장에서는 병 주고 약 주고일지도 모르겠네요. 제대로 후회해야 새로운 도전이나, 중단했던 일을 다시 완성하는 데 도움이 됩니다. 그들이 후회와 성공을 돌아보며 가벼운 발걸음으로 힘차게 나섰듯 여러분도 발자취를 돌아보면 자신감이 생길 것이라고 믿습니다.

닐 로즈는 《IF의 심리학》에서 "후회는 음식을 먹는

것만큼이나 건강한 삶을 위해 필수적"이라고 강조하면서 "너무 후회를 안 하고 자신의 감정 경험에서 오는 교훈을 계속 무시하면 비생산적인 행동을 고집하여 성장과 발전의 기회를 놓친다"라고 말했습니다. 징검다리를 건너본 경험이 있으세요? 징검다리 놓인 폭이 넓으면 넓을수록 도움닫기를 위해 몸을 한껏 젖혔다가 힘주어 앞으로 튕겨가지요. 제대로 후회를 했다면 다음 돌(행동)로 발을 옮길 수 있어요.

그대의 위험감수력은 얼마인가

누군가가 "하고 싶은 일이 있는데 겁나서 못하겠어"라고 말한다면 겁나서 앞에 생략된 말은 무얼까요? "실패할까봐"입니다. "하고 싶은 일이 있는데 실패할까봐 겁나서 못하겠어." 아무리 강인해 보이고 무엇이든 잘해내는 슈퍼맨 같은 사람도 잘 풀리지 않을 것 같은 일에 도전하기가 쉽지 않습니다. 기업의 CEO가 실패가 두렵지 않다면 컨설팅을 받을 이유가 없어요. 누구나 실패하고 싶지 않고 더 잘하고 싶기에 타인이나 기관의 도움을 받습니다.

만일 좋아하기만 하고 잘하지 못하는 일을 시도한다면 위험감수력이 필요해요. 위험감수력은 불확실한 미래를 자신이 어느 정도 감내할 수 있다고 여기고 위험이 있어도 감수하려는 능력을 말합니다. 좋아하는 일을 하는 사람은 엔도르핀이 나오기 때문에 마지못해 일하는 사람에 비해 지치지 않을 수 있지만 그런 사람도 현실적인 문제와 마주치면 마냥 즐겁긴 어렵습니다. 가수지망생이 실력이 부족하고 외모가 많이 아쉬울 때 계속 탈락하면 좌절할 수 있어요.

좋아하는 일을 즐겁게 할 수는 있지만 현실적인 문제에 부딪히면 계속 하기 어렵습니다. 좋아하는 일을 하라고 미디어를 통해 말하는 사람들은 명예가 있고 사회적 지위가 높은 사람일 가능성이 커요. 대중은 일반 사람보다 인지도가 있는 사람의 이야기를 귀 기울여 듣기 때문입니다. 사회적 명성, 부, 명예 그중 하나라도 뛰어나지 않은 사람의 말을 누가 들어줄까요? 오늘 내일 끼니 걱정을 하는 사람이 좋아하는 일을 하라고 말한다면 누가 귀 기울여 들을까요? 과연 말해줄 사람이 있을지도 의문입니다.

만일 자신의 생계가 빠듯한데도 좋아하는 일을 하라며 권유하는 사람이 있다면 위험감수력이 남다를 수 있어요. 위험감수력이 높은 사람은 예측할 수 없는 일을 선호합니다. 안정적이고 다수가 택하는 결과가 보장된 직업을 놔두고 어렵고 위험한 일을 선택합니다. 위험감수력이 보통인 사람은 직장 생활을 하다가 더 좋은 기회가 나타나면 갈아타려고 해요. 위험감수력이 낮은 사람은 안정된 직업과 안정된 임금을 바라기 때문에 공무원, 공기업 등에서 오랜 기간 다니는 것을 희망합니다.

드림파노라마 김수영 대표. 특성화고 첫 〈도전! 골든벨〉 우승자로 유명한 그녀는 암 선고를 계기로 존 고다드의 《꿈의 목록》을 읽고 73개의 꿈을 적었고 그중 50개의 꿈을 이뤘고 지금도 진행형이라고 합니다. 김수영 대표는 위험감수력이 매우 높은 사람일 것이라 생각합니다. 첫 도전이었을 '학업'에서의 성취를 이루기 위해 같이 놀던 친구들의 비난을 감수했을 터였고 '노는 세계'에서 나오기 위해 위험을 무릅썼을 겁니다. 김수영 대표가 이루고자 하는 73개의 꿈 목록을 보면 대단하다는 생각이 듭니다. 스노보드 배우기 같은 꿈부터 1만 명에게 교육의 기회 주기, 요트를 타고 세계 곳곳 항해라는 호기심과 다양한 흥미를 갖지 않으면 생각조차 하기 어려운 항목들도 눈에 띕니다. 김수영 대표는 도전이 두렵지 않은 건 아니지만 결국엔 해보는 사람입니다. 이런 사람들의 신조는 '진짜 위험한 일은 아무것도 하지 않는 일이다'가 아닐까요.

위험감수력이 있어야 남들이 가지 않는 길을 선택할 수 있어요. 다수가 가지 않는 길이라면 정보가 부족해 불안할 수 있어요. 버스 정류장에서 타고 갈 버스가 언제 도착할지 수시로 전광판을 확인하고 전철 앱을 통해 도착 지연을 확인하여 대기시간을 줄일 수 있는 정보화 시대입니다. 식당은 어떤가요. 맛집이 아니면 밥 먹으러 이동하기가 쉽지 않지요. 단순한 손실도 자기에게 허락하지 않는 사회 분위기 속에서 불충분한 정보를 가지고 도전하는 건 50% 이상의 실패율을 감수하겠다는 의지적 행동입니다. 성공하지 못해도 감당하겠다는 마음가짐이 있을 때 가능해요.

위험감수력은 미래의 인재에게 요구되는 능력이기도 해요. 자신에게 친숙한 것에 안주하지 않고 새로운 환경에 자신을 내던질 수 있어야 발전을 바랄 수 있어요. 정보가 충분하지 않아도, 해본 적이 없어도, 레드오션이 아니라 블루오션을 단호하게 선택할 수 있는 과감함을 가지려면 반드시 위험감수력이 필요해요.

어떻게 하면 위험감수력을 키울 수 있을까요? 위험감수력은 학습될 수도 있지만 기본적으로는 성향 차입니다. 사람은 다 다르거든요. 위험감수력을 갖고 태어난 사람도 있고 위험감수력을 학습한 사람도 있고 위험 요소를 생각하지 않는 사람도 있어요. 이런 성향은 앞서 언급한 진로가계도를 통해 잘 드러납니다.

창업을 희망하는 사람은 부모님이나 조부모님이 중소기업, 동대문, 남대문 등에서 사업을 하였습니다. 공무원, 공기업 등의 안정적이라고 알려진 직업을 선택하는 사람은 가족, 친인척이 공무원이나 교사였습니다. 가족의 유전을 통해 직업의 유전자가 흐르기도 하고 주변 환경에 의한 학습의 결과라고도 볼 수 있어요.

유전적 성향이나 지속되어온 가정 환경이라는 울타리를 뛰어넘어 시도하기는 쉽지 않아요. 새롭게 하고 싶은 일에 도전하고 싶지만 겁이 나서 하지 못한다고 자책하기도 하는데 그럴 필요가 없어요. '도전하라, 좋아하는 일을 하라'는 말에 때로는 귀를 막아도 됩니다.

여러분의 위험감수력이 궁금하다면 손가락 길이로 대략 알 수 있어요. 남성호르몬인 테스토스테론의 양이 많으면 약지인 네 번째 손가락이 검지보다 깁니다. 그럴 경우 기회와 위험이 적은 안정성보다 기회와 위험이 높은 쪽을 선택할 확률이 높아요. 여러분이 위험감수력이 높다면 환경이 받쳐주지 않아도 능력이 부족해도 세상 사람들이 말려도 희망하는 일을 향해 가는 중일 확률이 높습니다. 위험감수력이 낮다면 각종 고시를 준비하며 안정적인 삶을 모색하고 있거나 남들이 가는 일자리를 향해 눈을 돌리고 있을 수 있고요. 그러니까 딸기를 좋아하는 사람에게 왜 다른 과일은 좋아하지 않냐고 강요하지 않듯이 '좋아하는 일' '꿈'을 찾지 않아도 될 자유가 우리에겐 있어요. 어딘가에 있을 '내게 맞는 일'을 막연히 생각하기보다 '나는 위험감수력이 크지 않을 수 있으니 너무 애쓰지 않아도 좋다'고 다독여주면 좋겠습니다.

버리고 채울 것

꿈을 어떻게 버려요

꿈을 닮아갈 수는 있지만 모두가 꿈을 이룰 순 없습니다. 여진 씨는 '좋아하는 일'이라는 확신으로 수년간 디자인에 대한 열정을 불살랐습니다. 자신이 그 일에 맞다고 확신했고 잘할 수 있고 재밌다고 여겼습니다. 당연히 디자이너가 될 거라 믿었는데 졸업을 앞두고 큰 혼란에 빠졌습니다. 자신이 그 일의 근무 환경과 맞지 않는다는 것을 깨닫고 당황해서 어찌할 줄 몰라했습니다. 근무 환경이나 급여가 너무 열악했거든요. 피곤하리만큼 오래 일해야 하는 분야. 힘써 일할 체력을 쏟으려면 현재 이상의 노력을 해야 하는데 잦은 밤샘을 해낼 만큼 자신이 없었어요. 예중, 예고, 예대… 미술에 투자한 자신의 지난 10년 이상의 노력을 접어야 해서 눈앞이 캄캄했지만 맞지 않는 환경 속에서 소모적으로 일하기보다 자신이 할 수 있는 일을 알아보기로 했습니다.

해마다 나오는 오디션 프로그램을 보면서 시청자들은 프로듀서로서 그들을 평가합니다. 전문가는 아니지만 어떤 사람이 잘하는지 그렇지 않은지는 참가자들을 비교하면서 알 수 있어요. 능력이 출중한 사람과 예능을 좋아하지만 능력이 안되는 사람은 확연한 차이를 보입니다. 적지 않은 나이인데도 꿈만으로 아이돌가수에 도전하는 모습을 보면 안타까운 마음이 들어요. 예능 전문가가 지적하지 않아도 시청자들도 알아요. '그 노력으로 다른 일을 시작하면 정말 잘 할 텐데' 하는 생각도 듭니다. 다른 사람에게 인정받고 인기를 얻고 싶어서 아이돌가수가 되고 싶은 거라면 노래가 아닌 다른 일을 통해 인정받으면 됩니다. 자기 일에서 출중한 인재가 되도록 노력하면 됩니다. 그러다 전문가가 되어 강의를 하며 사내외로 인기를 누릴 수 있어요. 노래와 춤을 일상으로 삼고 싶어서 연예인이 되고 싶다면 주말에 댄스 학원이나 댄스동아리에서 활동하면서 갈증을 채워도 좋습니다. 하지만 가수로 성공하고 싶다면 확실한 실력을 갖춰야 합니다.

"꿈인걸요. 꿈을 어떻게 버려요." 꿈을 이루는 것만이 능사는 아니에요. 꿈을 꿔봤고 노력해봤고 그랬는데 실력이 되지 않아서 꿈을 이루지 못하면 다른 꿈을 꾸면 됩니다. 애니메이션 영화 〈라푼젤〉에서 라푼젤은 자신이 보고 싶었던 축제 광경을 보러 집을 떠나 처음으로 세상으로 나올 때 이런 걱정을 합니다. "난 18년간 꿈꿔왔어요. 상상과 다르면 어떡하죠?" 걱정하는 라푼젤에게 남자주인공 플린은 "나쁠 건 없어요. 새 꿈을 가지면 되니까요"라고 격려의 말을 건네죠. 헌 꿈이 아니라 새 꿈을 가지면 됩니다. 모든 연애가 결혼으로 이어지지 않듯이 모든 꿈이 성공으로 이어지는 것도 아닙니다. 꿈을 가져보거나 노력해본 것만으로도 의미가 있어요. 애쓰는 동안 가슴이 뛰었던 순간이 있었던 것만으로도 충분히 좋은 추억입니다. 진로 상담 과정에서 확인하는 사항 중에 진로 선택이 적절한지를 묻는 과정이 있어요. 할 수 있는 능력, 경제력, 시간적 여유, 적정 연령 등을 고려해야 합니다. 현실적 여건을 뛰어넘은 상태에서 이룬 꿈의 가치가 현실 속에서 충분히 가능한 꿈의 가치보다 더 컸다고 말할 수 없어요. 못 이룰 수도 있고 불가능한 꿈을 이뤘다고 각광받아야 하는 것은 아니에요.

꿈은 가구가 아닙니다. 자개장같이 오래될수록 빛나는 고가구처럼 꿈도 오래될수록 빛이 나면 좋겠지만 이루지 못한다면 그 자체로 남겨야 합니다. 아직도 끝을 알 수 없는 노력을 하고 있다면 자세히 보아야 합니다. 헌 꿈인가? 다른 대안, 새 꿈을 생각해볼 수 있을까?

혹시 여러분이 매몰비용(투자비용)이 아까워서 동일한 노력으로 재도전하고 있다면 이미 꿈의 빛깔은 퇴색되었을지 몰라요. 게다가 다른 전략이나 더 큰 노력으로 접근하지 않는다면 큰 운이 따르지 않는 이상 꿈을 이루기 어렵습니다.

꿈은 왜 이렇게 내려놓기 어려운 걸까요? 마치지 못한 일이 기억 속에 계속 남아 있다는 자이가르닉 효과 때문입니다. 자이가르닉은 러시아의 심리학과 학생이던 블루마 자이가르닉과 스승인 쿠르트 레빈이 제시한 이론입니다. 자이가르닉은 A그룹은 정상적으로 일을 끝내도록 하고 B그룹은 일을 마치지 못하도록 했습니다. 실험을 마친 후에 자신이 한 일을 기억하는지 확인했는데 방해를 받은 B그룹이 그렇지 않은 A그룹보다 더 확실하게 일의 내용을 기억했습니다. 과업이 끝나 소용이 없어진 문제는 기억회로에서 깨끗이 사라지지만 완결하지 못한 문제는 계속해서 기억회로에서 떨쳐내지 못하고 되뇌고 있기 때문에 오래 기억하게 된다는 걸 알아냈습니다. 해내지 못한 일, 이루지 못한 첫사랑이 더 오래 기억에 남는 것도 같은 이유입니다.[*] 이루지 못한 꿈은 마치 각인된 대상처럼, 노력했든 노력을 하지 않았든 마음에 두고 있었던 시간 때문인지 집착에 가까운 행동으로 나타납니다.

"제 꿈이 ○○○이었거든요. 그런데 대입 성적이 잘 나오지 않아서 ○○학과를 지원할 수가 없었어요. 이대로 졸업할 순 없어요. 전과하는 게 좋지 않을까요?"

문과 계열 수업만 들어왔기 때문에 기본 수학, 과학 과목 이해가 어려웠습니다. 고등학교 시절에도 수학, 과학이 어려웠고 성적이 좋지 않아서 어쩔 수 없이 문과를 선택했습니다. 이공계의 이해력이 좋지 않아서 좋은 성적을 받기가 어려운데 꿈이라는 이유로 포기할 수 없다고 했습니다. 이공 계열은 전공 지식이 업무와 관련이 있기 때

[*] 네이버 지식백과, '상식으로 보는 세상의 법칙' '사람을 움직이는 100가지 심리 법칙'을 종합해서 발췌

문에 선공 성적이 좋아야 취업 준비가 수월해요. 그래서 부족한 실력을 만회할 수 있도록, 혹은 본인이 해낼 수 있을지를 알기 위해 기본 전공서를 미리 접해볼 것을 권유했습니다. 전과 후에 기본 실력이 부족해서 학과 수업을 따라가기 어려울 수 있거든요. 추가로, ○○전공을 통해 하고 싶은 일의 외형적인 모습뿐 아니라 실제로 일하는 모습을 관찰하거나 견학해보라고 했습니다. 업무환경을 보면서 이상과 현실의 차이를 알고 마음을 다시 세울 수 있도록 말입니다. 상담 결과, '전과는 어려우니 하지 말라'는 말을 듣게 될까 봐 걱정했는데 구체적인 접근방법을 알게 되어 만족스럽다고 했습니다. 이렇듯 꿈을 좇는 마음은 일정의 각인도 있어 보입니다.

조류의 새끼는 세상에서 처음 본 움직이는 대상을 어미로 인식한다고 합니다. 이 현상이 영화 〈아름다운 비행〉에서 흥미롭게 연출됩니다. 어미 기러기를 잃은 아기 기러기들이 부화했을 때 맨 처음 본 대상인 사람, 에이미를 어미로 알고 따라다닙니다. 그녀 뒤를 쫓아다니며 행동을 따라 하거나 곁에서 쉽니다. 상담을 통해 제가 느끼는 건 사람 역시 세상에 태어나서 처음으로 흥미를 가진 분야를 뇌에 깊이 새기는 과정을 겪는 듯해요. 각인처럼 말입니다. 앞서 설명한 자이가르닉 효과는 해내지 못한 일이 아쉬워서 계속 기억에 남는다는 건데 여기에 각인 효과까지 없으면 완벽하게 잊지 못하는 대상이 됩니다. 마치 첫사랑을 잊지 못하는 것처럼 말이죠.

·생각 톡톡· 꿈 체크리스트

여러분이 동경하는 일에 대해 생각해봅시다.

_____

그걸 통해 이루고자 하는 것은 무엇인가?

_____

그것을 할 만큼 능력이 있는가?

_____

이룰 만큼 노력하고 있는가?

_____

환경의 지지는 충분한가?(사회적 지지, 경제적 여유, 시간적 여유가 있는가?)

_____

이루고자 하는 목적이나 가치를 다른 직업으로 충족시킬 수 있을까?

_____

능력이 부족하고 환경의 지지가 충분하지 않아도 하고 싶다면
어떻게 해볼 것인가?

_____

생각해봤더니 더 좋은 다른 방향이 보이나요? 각인, 자이가 르닉 효과를 넘어서서 새 꿈이 보인다면 헌 꿈과 뜨겁게 이별해요. 손때 묻은 오래된 가구처럼 여러분의 손때가 묻은 꿈이었다면 그대로 족해요. 뜨거운 포기를 해본 사람은 다음 라운드를 시작할 자격이 있어요.

잘하는 게 없어요

"남들은 잘하는 게 있다는데 내겐 그게 그렇게 잘하는 것 같지 않거든요."

여러분의 기준에 도달하지 못해서 스스로가 못나 보여도 보잘것없어도 그것 역시 나입니다. "나는 ○○○를 잘한다"라는 인정은 자신감에서 나오죠. 자신감은 자존감과 연관이 있습니다.

자존감이란 무엇일까요? 자존감은 자기 자신을 어떻게 평가하느냐의 문제입니다. 자기 평가에는 두 가지 측면이 있어요. 자기효능감Self-efficacy과 자아존중감Self-respect이 그것입니다.

자기효능감은 스스로 어떤 일을 잘해낼 수 있다는 믿음과 기대를 말해요. 자신감이라고 표현할 수도 있습니다. "난 무엇이든 잘해낼 수 있어" 하는 마음가짐입니다. 자아존중감은 자신이 어떤 일에 성공하고 원하는 것을 얻으며 만족감을 느끼는 것은 당연하며 자연스러운 일이라고 여기는 것을 말하죠. "나에게 이렇게 훌륭한 일이 일어날 수도 있는 거지" 혹은 "특별한 일을 하고 있지 않아도 난 괜찮은 사람이야"라고 생각하는 것을 말해요. 매 순간 기분이 변하듯 자존감의 수준도 변할 수 있습니다. 스스로 자존감을 항상 자각하며 자존감을 높이기 위해 노력한다면 자존감을 높일 수 있습니다.

진로발달 단계를 언급한 슈퍼Super에 의하면 높은 자기 존중감은 진로 성숙의 발달을 촉진시킨다고 합니다. "일자리를 성공적으로 얻을 수 있고 그 일에서의 만족감이 당연하고 자연스러운 일이다"라는 마음가짐으로 자신에게 맞는 일을 찾기 위한 노력을 지속적으로 할 수 있는 거죠. 하지만 우리의 자존감은 항상 일정하게 유지되지 않습니다. 자존감은 어떤 상황에서 위협당할까요?

누가 봐도 멋진 친구와 같이 다니면 자존감이 위협당할 수 있습니다. 일 잘하고 대인관계가 좋고 외모도 훌륭한 만능인을 친구로 둔 사람은 열등감으로 인해 자신을 과소평가하기도 해요. 혹시 주변 친구 옆에서 초라해지고 있는 건 아닌지 확인해봐야겠지요.

대단한 친구가 옆에 없어도 자신을 초라하게 만드는 것에서 벗어나지 못할 때도 있어요. 바로 사이버세계 속의 그들. 자존감이 불안정할 때는 사이버세계, 타인의 SNS에 올라오는 좋은 경치, 맛있는 음식, 행복한 얼굴로 찍은 사진을 보면서 나만 잘 지내지 못한다고 느낄 수 있어요.

상대평가 속에서 양육되어 비교당할 때 자존감은 온전하기 어렵습니다. 상대평가 환경에서 자란 사람은 자신을 상대평가 합니다. 지금보다 더 좋은 곳, 더 나은 곳을 바라보며 자랍니다. 신입사원의 1/3이 1년 이내에 퇴사하고 퇴사의 주요한 이유가 '나와 맞지 않아서'라는 사실은 '묻지마' 지원이 대입에 이어서 취업에도 이어진다는 걸 알 수 있어요. 대학 입시에서 학과를 우선적으로 고려하기보다 시험 점수에 맞춰서 학교에 지원하듯이, 취업시장에서 직무를 고려해서 지원하기보다 기업의 이름에 맞춰서 지원하는 풍경을 봅니다. 근사한 사회인을 꿈꾼다면 직업, 직장이 근사해야 할 필요는 없어요. 여러분이 멋지면 그것으로 족해요. 비싼 가방, 비싼 차를 끌고 다니는 것처럼 직장 이름을 끌고 다닐 건 아니잖아요. 직장 이름을 얻기 위해 몇 년을 취업준비생으로 지내서 원하는 결과를 낳는다면 좋겠지만 그렇지 않다면 아깝다는 생각이 듭니다. 미래에는 남들이 많이 선택해서 탄탄한 길을 가기보다 새롭게 만들어가는 길을 밟게 될 텐데 확실하지 않은 길들을 만들어가는 데는 자존감이 있어야 나아갈 힘을 얻을 수 있어요.

작은 승리는 자신감을 주고 자존감을 높인다

은선 씨는 명문 학교 입학을 꿈꿨지만 수능에서 너무나 낮은 점수를 받는 바람에 전문대학에 입학했습니다. 가정 형편상 재수를 시도할 수 없어서 입학한 학교는 적응이 어려웠습니다. '내가 있을 곳이 아닌데'라는 생각이 드니까 학우들과 섞여서 편하게 지낼 수 없었습니다. 그러다 보니 학교는 다니지만 마음이 불편하고 수업에도 집중할 수 없어 학점도 잘 나오지 않았고, 걱정이 되었습니다. 이 학교에서 교우관계를 잘 쌓을 수 있을지, 성적을 잘 받을만큼 공부를 잘할 수 있을지 자신이 없었습니다. 잘될 거라는 긍정의 마음이 들지 않고 모든 상황에 부정적인 생각으로 괴로워서 상담을 받고 싶다고 했습니다. 눈물 젖은 휴지를 한가득 사용하고 앞으로 무얼 해볼

지 이야기를 나눴어요. 아무것도 해낼 자신이 없다고 느껴지는 지금부터 작은 한 가지를 시도해보면 어떨까 제안했습니다. 아주 작은 일을 조금씩 매일 하기. 은선 씨는 책 읽기를 좋아했지만 요즘엔 마음이 힘들어서 책을 못 읽고 있다며 책 읽기부터 하겠다고 했습니다. 매일의 기준을 매우 작게 잡아야 달성할 수 있으니 매일 한 장씩 읽기로 했습니다. 대신 한 가지 약속을 했어요. 지키면 좋고 지키지 않아도 자책하거나 제 앞에서 부끄러워하지 않기로 했지요. 한 주가 지나고 은선 씨가 왔는데 다행히 얼굴이 아주 환했습니다.

"읽었어요!" 그 한 마디에서 은선 씨의 자신감을 느낄 수 있었습니다. 작은 승리는 더 큰 승리를 향해 도전하게 합니다. 한 장씩 읽다가 어느 순간 다섯 장, 열 장을 읽고 책 한 권을 다 읽게 됩니다. 전공책을 읽기 시작하고 학우 한 명에게 간단한 인사를 건네고 수업과제 얘기를 나누며 말문을 틀 수도 있었어요. 여러분에게도 자신감을 줄 수 있는, 작은 승리는 분명히 있어요. 그것이 무얼지는 개인마다 다르지만 개인적으로는 운동이 효과적이라고 생각합니다.

《한국이 싫어서》《댓글부대》를 쓴 장강명 작가가 "성

공경험을 갖기 어려운 세대이니 운동을 통해 성공경험을 하라"고 한 말에 동의합니다. 여러분의 몸에 성공의 결과를 주세요. 승리를 몸에 새기면 작은 승리에도 의미가 있지만 뇌의 활성화에도 도움이 되어 더 긍정적인 효과가 있습니다.

덴마크의 의사, 안데르센 한센은 운동이 도움이 된다고 권장합니다. 스트레스, 우울, 불안, 행복, 창의성이 운동과 관련이 있다고 말이죠.*

운동을 하면 상쾌한 기분과 동시에 자신감, 작은 성취감을 얻을 수 있어요. 미래에 대한 불안감과 스트레스도 저하할 수 있다니 작은 승리를 운동으로 시도해보면 도움이 될 겁니다. 체험해봤다면 더 설명하지 않아도 알겠고요.

평소에 자기가 무얼 좋아하고 무얼 잘하고 어떤 것을 가치있게 생각하는지 정리해놓으면 자아정체감이 높아져요. 자아정체감은 "나는 이러저러한 사람이야"라는 인식을 갖는 겁니다. 자기인식을 하고 스스로의 감정상태

* 주간현대 2018. 2. 9.

를 인정하고 알맞은 행동을 하면 자존감이 높아져서 새
로운 도전, 길 앞에서 당당하게 선택하고 행동할 힘이 생
깁니다.

　사해는 소금물이 30%여서 사람이 자유롭게 물 위에
뜰 수 있다는데 자존감은 몇 퍼센트에 자유롭게 뜰 수 있
을까요? 소금 한 스푼(작은 칭찬), 두 스푼(작은 승리), 항상
뜰 수 있도록 우리의 자존감이 사해에 있었으면 합니다.
여러분은 있는 그대로 소중하고 증명하지 않아도 괜찮은
사람이니까요.

딱히 목표가 없어요

"목표가 없고 가이드 라인이 없으니까 무얼 해야 할지 모르겠어요."

"입학사정관으로 학교에 들어왔거든요. 준비할 때 다 해봐서 입사 지원서, 면접 준비 그런 건 어렵지 않은데 무얼 향해 가야 할지 모르겠어요."

"하고 싶었던 일에 합격했는데 이 일 말고 내게 맞는 다른 일이 있지 않을까요?"

목표가 없는 사람도 이미 도달한 사람도 고민합니다. 목표가 있으나 없으나 고민이라는 건데 '목표 세우기'에 시간을 들이기보다 경험을 쌓고 내게 맞는 일을 찾거나 혹은 일에 맞추어 가는 게 낫습니다. 전자는 목표가 생기면 달리겠다는 일념으로 계속 때를 기다립니다. 할 일을 설정하지 않았는데 어떻게 간접적 혹은 직접적인 체험을 하느냐는 거죠. 시도하는 것들이 나중에 결정할 직업과 무관하게 될 것 같아서 망설여요. 후자는 목표를 한 가지로 정하기 전에 자기와 맞는 다른 일이 있을까 확인하는 과정이 있었더라면 좋았을 거라는 생각에 다시 생각해보고 싶다고 말합니다.

할 수 있는 일에 접근해봐야 맞는 분야를 발견할 수 있습니다. 목표 만들기를 좋아하는 사람은 방향성을 알면 신나게 달리지만 무언가를 정하기 전에는 무의미하게 지내는 것 같아서 힘들어합니다. 그 마음이 이해가 됩니다. 성향 때문이기도 하지만 교육 때문이기도 해요. "일에 대한 목표를 세워라. 그에 맞는 활동을 계획하여 실행하라." 숱한 자기계발서, 취업, 진로 관련 책에서 가르치는 내용입니다. 저 또한 유명인을 예로 들면서 비전, 꿈을 갖는 것이 중요하다고 강조해왔습니다. 그런데 제게 배운 학생들에게 두 손 들고 무릎 꿇고 말하고 싶습니다. "미안합니다. 내가 잘 못 가르쳤습니다. 일부는 맞고 일부는 틀립니다." 목표를 설정하는 것이 의미가 있는 건 맞지만 일 경험이 풍부하지 않은 사람이 희망 직업을 설정하는 것은 무리입니다. 어떤 것이 내게 맞는지 결정하기 어려우니 계획을 설계하는 것도 쉽지 않습니다.

'외향성'과 '경험에 대한 개방성'이 높은 사람들은 경험에 열린 태도를 가지고 있어서 다양한 경험을 했을 가능성이 있어요.

경험이 풍부한 사람은 하고 싶은 분야나 일을 정하기 쉬워요. 자신의 성향에 맞거나 할 수 있는 일이 무엇인지 아니까 그에 따라 분야를 결정합니다. 필요한 준비가 무엇인지 확인하고 맞춰서 계획을 세울 수 있습니다. 만일 경험은 많은데 경험에 대한 생각 정리가 덜 되어서 수많은 정보와 경험 속에서 헤매고 있다면 생각 정리나 상담을 통해서 정리하면 도움이 됩니다. 그런데 대부분의 청춘들은 10대, 20대에 다양한 정보와 체험에 노출되지 않았기 때문에 일이라는 세상에 자신을 충분히 시험해볼 기회를 갖지 못했지요.

그런 청춘들에게 진로 및 취업 수업시간에 경험을 풍부히 하고, 시행착오 끝에 목표가 생긴다는 설명을 간과한 채 당장 직업을 결정하라고 가르치니까 청춘들은 이렇게 생각합니다.

1. 하고 싶은 일을 결정해야

2. 그에 맞는 정보를 습득하고 경험을 쌓고 행동에 옮길 수 있으니

3. 일에 대한 목표를 결정한 후에 시도해야겠다.

이 얼마나 안타까운 일인가요? 내게 맞는 일을 찾고 싶다면 눈앞의 기회를 잡고 해봐야 해요. 대상에 맞춰서 움직이겠다는 생각을 버려야 이런저런 기회에 뛰어들 수 있고 뛰어들면서 바라는 바를 세울 수도 있습니다. 목표 사냥을 잠시 내려놓는 겁니다.

하려는 일 위주로만 경험하겠다고 생각했더라면 우리가 아는 빌 게이츠는 없었을지도 모릅니다. 무얼 할지 설정해놓아야 행동을 시작할 수 있는 것이 아니라 행동해야 뇌의 일에 대한 '경험창고'가 채워지고 '경험창고'가 채워져야 자신에게 맞는 희망 직업, 관련 목표를 알 수 있다는 걸 이해해야 합니다.

우리의 뇌에는 전두엽이라는 것이 있어서 목표의 추구, 미래 계획이나 감정 조절 및 의사결정에서 중요한 역할을 합니다. 전두엽 전문가 골드버그는 인간의 전두엽이 잘 발달하면 장기적 목적을 추구할 수 있다고 합니다.

전두엽의 특징은 사람, 사물 이름, 약속 장소, 시간, 전화 번호 등 저장된 정보를 끄집어내는 기능을 합니다. 요즘은 대부분이 직접 외우기보다 휴대전화나 컴퓨터에 저장하다보니 전두엽 사용 빈도가 줄어들었다고 해요. 그런데 그거 아세요? 뇌는 잘 쓰지 않는 부위의 세포를 스스로 없애는 특성이 있대요. 게다가 과도한 스마트폰 사용도 전두엽 발달을 저해하니까 평소에 뇌를 자주 활용하지 않았다면 목표를 세우기가 힘들겠지요. 여기에 일 경험까지 부족하다면 매우 어려운 상태가 됩니다.

전두엽은 20대 중반이 되어서야 어느 정도 성숙하고 30대 후반까지 계속해서 발달합니다. 여러분이 지금 20대 초반이라면 장기적인 직업 목표를 설정하기가 쉽지 않겠지요?

경험을 벽돌에 비유한다면 여러분이 오늘 쌓는 벽돌 하나가 어떤 건물을 이루게 될지 알 수 없지만 많이 모아놓아야 건물을 지을 수 있습니다. 주춧돌이 될 벽돌을 하나씩 쌓아갑시다.

우선은 다양한 벽돌을 모아보자
어떤 내가 될지 모르니!

쉬면서도 불안해요

땅이 햇빛과 물, 영양소를 충분히 받아야 풍작을 이룬다. 결실을 거둔 땅은 휴식을 취하면서 생명력을 회복해야만 다시 베풀 수 있다.

—《지금은 내게 귀 기울일 때》, 패트리샤 스페다로, 책이 있는 풍경, 2013

지인이 대학생 자녀가 학교에 다니기 버거워한다고 걱정했습니다. 딸이 휴학을 하겠다는데 장학금을 받고 입학했고 A+의 성적을 꾸준히 유지했기에 지금 휴학하는 게 아깝다고 말이죠. 부모가 보기엔 '갑자기'인 것처럼 보이겠지만 딸은 여러 차례 고민해왔고 더 이상 참을 수 없는 단계까지 왔기 때문에 SOS를 치는 건지도 모른다고 휴식이 필요하다고 말씀드렸어요. 나중에 여쭤보니 고민 끝에 휴학을 허락하셨고 자녀는 휴학하며 몸과 마음을 쉬고 있다고 했습니다.

21세기를 살아가는 한국의 청춘들을 보면 휴식 없이 달려가고 있습니다. 초·중·고등학교를 좋은 대학 입학을 목표로 12년을 달립니다. 하루를 두 번에 걸쳐서 살아요. 학교 수업, 학원 수업. 학원이 끝나고 한숨 돌리려고 하면 자정을 넘어 잘 시간이고, 눈떠 기상하면 학교 갈 시간이죠. 학교 전문가는 이런 학생들의 생활을 '투잡Two Job'이라고 하더라고요. 투잡인생을 살았던 여러분은 정말 대단해요. 12년의 목표였던 대학에 입학했으면 쉴 법도 한데 각종 활동으로 눈코 뜰 새 없이 바쁩니다. 지쳐서 휴학을 하고 싶어도 부모님의 눈치가 보이고요. 괜찮다고 격려해주시는 부모님을 만나더라도 휴학하는 게 석연치 않습니다. 친구들은 대내외 활동을 하면서 달려가는 것 같은데 자신은 아깝게 시간을 흘려 보낼까 봐 조바심이 납니다.

현악기의 울림은 몸체에 좋은 목재를 사용하느냐에도 있지만 몸체 못지않게 활이 중요합니다. 어떤 활을 쓰느냐에 따라 연주 음색이 다릅니다. 바이올린, 비올라, 첼로 등의 현악기는 연주할 때는 활의 털을 팽팽하게 당겨주지만 보관할 때는 털을 느슨하게 풀어놓습니다. 계속 당겨있으면 활의 털이 불필요하게 늘어나 끊어지기 쉽기 때문이에요. 사용하지 않을 때는 활도 휴식시간을 가지는데 100년을 살아가는 인간에게 휴식은 친구처럼, 학습과 같이 가야 하는 게 아닐까요.

'휴식, 안식'이라는 단어 뒤에는 왠지 재충전이라는 단어가 따라붙습니다. 단순히 쉬면 안되는 걸까요. 사실 저 조차도 휴식을 휴식으로 생각하기보다 더 나은 발돋움을 위한 발판으로 자꾸 여기니 이 글을 적으면서도 마음이 편해지는 않습니다. 물들어버린 거죠. 재충전이 아니라 '휴식' 그 자체를 스스로도, 사회에서도 인정해주는 분위기가 되려면 얼마나 걸릴까요?

수많은 성공학 책을 보면 전진을 말합니다. 앞으로 전진하는 것은 빠르겠지만 쉬어가는 여유를 가지긴 어려워요. 웨이트트레이닝을 아무리 철저하게 하는 사람도 6일간만 운동하고 1일은 휴식을 취하도록 합니다. 근육은 쉬는 동안 생성되어서 더 건강한 몸을 만들어낸다고 해요. 세상을 만든 창조자도 6일 동안 세상을 만들고 하루 동안 휴식을 취했습니다. 휴일이 적힌 달력을 보면 인간이 휴식을 취해야 함을 분명히 알 수 있어요. 신은 인간에게 다른 동물에게 볼 수 없는 숙면과 안식을 활용할 수 있게 해주었어요. 우리 몸은 100년을 굴려야 하는 특수 공장입니다. 자신만 한 정비사도 없어요.

이렇게나 필요한 휴식을 취하기가 쉽지 않은 이유는 청춘들에게 '아무것도 아닌 것'은 끔찍한 일이기 때문이라는 걸 압니다. 무無는 참기 어려운 존재입니다. 깃털 같은 가벼운 존재가 아니라고 증명하기 위해, 성공의 모습을 갖추기 위해 끊임없이 노력하죠. 미친 듯이 페달을 밟아도 도달할 수 없을 것 같은 저 너머의 안식. 모두 함께 살아가기가 아니라 살아남아야 하는 처절한 세상 속에서 자신이 살아남을 수 있는지 어떻게 살아야 하는지 답을 얻을 수 없기에 불안은 커져갑니다.

대학 졸업 후에 취업을 못했을 때도, 경기의 한파로 두 번이나 퇴직당하고 1년 6개월을 직업이 없는 상태에서 아르바이트밖에 할 수 없을 때 불안이 춤을 췄습니다. 하루에서 수십 번, 수백 번씩 마음이 널을 뛰었어요. "내가 아무것도 아니면 어쩌지?"로 머리를 싸매다가 "잘해 왔잖아. 잘될 거야."하며 노래를 불렀지요. 두 마음이 실과 바늘처럼 붙어 다녔어요. 어떤 날은 고요했다가 어떤 날은 심장이 터질 것 같았어요. 페달을 밟든 밟지 않든 저는 그 어떤 지점에도 도달할 수 없어서 괴로웠습니다. 얼마 전에 중년의 작가들이 자신이 지내온 청춘시절에 대해 쓴 글들을 보니 다 그렇더라고요. 희망보다는 불안에 떠는 모습이 공통점이었어요. 그 시기를 겪었기에 이 글을 읽는 여러분이 어떤 마음인지 조금은, 아주 조금은 알 것 같습니다. 그 시절에 "불안하지? 괜찮아. 노력해왔으니 잘될 거야."라는 말을 들었다면 어땠을까 싶습니다. 그런 말과 함께 누군가 손을 잡아줬더라면 덜 힘들지 않았을까? 라는 마음으로 청춘의 때에 제가 받고 싶었던 마음을 담아 말을 건넵니다. "불안하지? 괜찮아. 노력해왔으니 잘될 거야." 지금 할 수 있는 일은 나비가 되기 전의 누에고치로 살아내는 일입니다.

불안을 줄일 수 있는 방법 두 가지를 알려드릴게요. 먼저, 불안을 인정하는 겁니다. 자신의 감정을 글로 적고 소리내서 말로 표현하면 불안은 감소합니다. 어려움을 말로 표현하면 도움이 된다는 걸 알 수 있는 실험이 있어요. 차디찬 얼음물을 대야에 가득 담고 손을 그 안에 넣어서 차가움을 얼마나 오래 견디는지를 실험했는데 A집단은 그냥 견디도록 하고 B집단은 힘든 상황을 욕설로 내뱉도록 했어요. 어느 집단이 더 오래 얼음물에서 견뎠을까요? 욕을 하면서 얼음물을 견뎠던 B집단이 아무 말 없이 견뎠던 A집단에 비해 더 오랜 시간을 버텼어요. 힘든 부분을 입으로 시인하기, 표현하기의 필요성을 보여주는 실험이었습니다. 이 실험 결과처럼 "나는 불안해" "나는 걱정이 많아" 등 자신의 감정을 표현하고 다독여주세요. 지금 당장 시도해볼 수도 있겠지요.

두 번째 방법은 자신을 알려고 노력하는 겁니다. 자기정체감이 높아질수록 불안은 감소한다고 해요. 나는 어떤 사람이라는 걸 알수록 불안이 줄어든다는 얘기인데요. 불안을 느낄 때, 비합리적이고 부정적으로 생각하게 됩니다. 이런 사고를 지속하면 늘 불안해하는 레일을 계속 돌게 되어 나쁜 습관이 생겨요. 그러니 불안을 덜 느끼고 싶다면 불안을 인정하고 자신에 대해 정리해보는 것이 좋겠지요.

그래도 불안하다면 불안이 가진 긍정의 힘을 믿어봐요. 불안하면 우린 가만히 있지 않고 무언가를 하지요. 준비가 덜 되었기 때문에 불안한 겁니다. 부족하다고 생각하는 것들을 하는 겁니다. 노력이 채워지면서 덜 불안하고 그만큼 여러분은 성장할 수 있습니다. 이 순간 토익점

수 올리기를 떠올리셨다면 그건 아니고요. 앞서 언급한 경험창고를 채울 수 있는 활동들을 하나씩 하는 겁니다. 무얼 하고 살지 걱정이라면 관련된 정보를 수집하거나 상담을 받는 겁니다. 취업이 불안하다면 서류클리닉, 면접 코칭 등을 통해 구체적으로 점검하는 겁니다. 불안을 긍정의 에너지원으로 활용해보세요. 그리고 앞서 말했던 불안을 떨치기 위한 행동을 하는 것도 좋지만 그동안 많이 해서 충분하다면 미래를 헤쳐나갈 수 있음을 믿고 이번엔 잘 쉬어봐요.

로마의 시인 오비디우스는 "휴식을 취한 들판일수록 곡식이 더 풍요롭게 자란다"고 했습니다. 여러분이 휴식을 취하고 있다면 더 좋은 열매를 맺기 위해 쉬고 있는 중이라고 믿어요. 지금 불안해서 조급한 마음이 든다면 스스로의 양어깨를 감싸 쥐고 토닥토닥 두드려주세요. "잘하고 있어."

실패하고 싶지 않아요

우리는 매일 아침 눈을 떠서 움직이는 모든 것들에 효율성을 추구하지요. 짧은 길로 좀 더 빨리 이동하기 원합니다. 버스가 몇 분 뒤에 오는지, 지하철은 몇 번 칸에서 타야 갈아타기 수월한지를 확인합니다. 길을 찾을 때는 내비게이션을 통해 가장 가까운 거리를 확인합니다. 두리번거림 없이 착착 각이 맞는 생활. 효율성을 추구하지요. 그러다 보니 일에 대한 우리의 환상은 내게 '딱' 맞는 직업입니다. 20세기보다 맞춤식 서비스를 받고 있기 때문에 맞춤식 진로를 원합니다. 정보를 찾기가 수월하기 때문에 가능할 것만 같거든요. 모든 것을 완벽히 진행하고 싶고, 시간적 여유가 많지 않다고 생각해서 조급해지기도 합니다.

"전공이 맞지 않아서 힘들었거든요. 이제 더는 잘못 선택하고 싶지 않아요."

"지금처럼 앞으로도 실수하지 않고 잘하고 싶어요."

신중함은 좋지만 제한된 태도는 일을 체득하는 데 영향을 줍니다. 이걸 할까? 저걸 할까? 이 선택이 최선이 아니면 어떡하지? 등 행동을 하기 전에 오랜 고민을 합니다. 사실 일상은 결정으로 가득 차 있어요. '지금 일어날까? 말까?' '점심시간에 무얼 먹을까?' '주말에 무얼 할까?' 등을 선택하지요. 하루, 한 시간을 위한 결정도 쉽지 않은데, 5년, 10년 이상을 투자할 일에 대한 고민이니 어마어마하다고 느낍니다.

진로라는 큰 결정이 더 어렵게 느껴지는 건 완벽하고 싶기 때문이에요. 완벽한 진로가 있을까요? 완벽이라는 말은 흔히 완전무결完全無缺하다는 뜻으로 사용되는 말이지만, '완벽完璧'의 원래 의미는 흠 없는 구슬, 혹은 흠이 없는 구슬을 끝까지 무사히 지킨다는 뜻이래요. 그런 측면에서 완벽하려고 노력했던 활동을 돌아보면 어떨까요? 더 나은 선택을 위해 검색하고, 후기를 비교하고, 최고의 기회를 위해 들였던 시간. 그 노력이 정말 소중한 것을 지켜왔나요? 점심에 뭐 먹을지 맛집 후기 검색에 빠져서 눈앞의 친구와 대화를 주고받을 시간을 낭비하지 않았을까요? 후기만 읽다가 놓친 일은 없을까요? 진짜 해야 할 일을 하지 못하지는 않았을지요. "전력선과 거리가 멀어질수록 가족들과의 행복의 거리가 가까워집니다"라는 광고가 있습니다. 이 광고와 유사하게 "머뭇거림이 짧아질수록 일을 잘할 수 있는 가능성이 커집니다"라고 말하고 싶습니다.

실수하지 않고, 후회하지 않으려고 이것저것 비교하면 고민만 하다가 시간을 잃습니다. 시간을 지연하는 행동에는 완벽을 향한 욕구가 있어요. 잘하려다 보니 늦어지거나 아예 하지 못하는 것들이 진로를 위한 최선일까요? 좌충우돌 속에 배움이 있습니다. 단 한 번의 선택으로 완벽한 일을 찾을 수는 없어요. 해봐야 어떤 일의 종류가 나하고 맞는지 맞지 않는지 알 수 있어요. 너무 신중하면 기회를 잃습니다. 조심스러운 이유는 우리에게 사회안전망이 갖춰져 있지 않고 실패해본 경험이 적으니 실패가 너무나 두려운 겁니다. 효율성을 중요하게 여기는 사회 속에서 커왔기 때문에 실패는 낭비라는 틀을 깨기가 얼마나 겁나고 무서울까요. 하지만 고심만 해서는 무엇도 시도할 수가 없어요. 걱정을 선결제했다고 일이 더 잘되는 건 아니더라고요. 최선의 선택을 하고 싶어서 고민하며 주저하는 사람들에게 해주는 말이 있어요. "선택 이후의 노력이 중요해요. '최선'은 만들어가는 거예요." 결정은 끝이 아니라 시작입니다. 경험의 연장선으로 보면 과정이기도 해요. 완벽한 선택을 위해 주저하면 귀한 여러분의 구슬을 놓칠 수도 있습니다. 일단 선택하고 움직여봐요. 혹여 필요 없는 경험이 될까 봐 시작하지 못한다면 눈앞의 일에 의미를 부여하고 한번 해보아요.

지인 가운데 특이한 이력을 가진 헤어디자이너가 있습니다. 체육교사가 되고 싶어서 체육을 전공했는데 임용고시가 쉽지 않다는 현실을 알았을 때는 졸업을 앞둔 상태였습니다. 나이 26세. 휴학을 할까 하다가 뾰족한 수가 생기지 않는 상태에서 휴학은 무의미하다는 생각에 그냥 자퇴를 했습니다. 체육전공을 살리자니 트레이너를 해야 하는데 교대로 근무해야 하는 트레이너의 근무 환경이 마음에 들지 않았대요. 무슨 일을 해야 할지 고민하다가 직업 상담을 받고 미용기술을 배우기로 합니다. 직업훈련을 배우는 첫 한 달은 생각이 많았습니다. '이게

169

정말 내 길인가? 나에게 맞을까?' 이렇게 고민만 해서는 직업훈련이 도움이 되지 않을 것 같아서 어느 날 마음의 저울질을 멈췄다고 해요. "내 길로 만들기로 마음먹고 덤비기 시작하자 일이 나를 따라왔어요." 시간이 흘러 현재 그는 미용실의 대표로 활발히 일하고 있습니다.

좋아하는 일, 맞는 일이 뭔지 모를 때는 지금 주어진 일, 눈앞의 일에 몰두해보는 겁니다. 할 수 없는 일, 눈앞에 없는 일을 기다리거나 찾는 시간을 아낄 수 있습니다. 여러분이 할 수 있는 일을 반복하면 잘하게 되고 좋아할 수 있어요. 노력했는데도 그 일이 여러분과 맞지 않으면 그 노력을 통해 다른 분야로 연결될 수도 있습니다.

동물학자이자 환경운동가인 제인 구달은 어린 시절부터 유난히 동물을 좋아해서 아프리카에 가서 동물을 연구하겠다고 마음먹지만 가정 형편상 대학에 갈 수 없어서 고민하다가 아프리카에 있는 회사에서 사무직이라도 하기 위해 비서 학교를 수료했어요. 옥스퍼드대학교 행정실에서 일하면서도 동물과 관련된 정보를 끊임없이 읽었습니다. 이때 쌓은 해박한 지식 덕분에 고고학자인 루이스 리키 박사의 비서가 되었어요. 리키 박사는 제인 구달의 열정에 감복해서 아프리카에서 침팬지 연구를 할 수 있도록 도왔습니다. 이를 시작으로 40년간 침팬지를 연구하며 침팬지의 어머니라는 별명을 얻고 세계를 다니며 동물보호와 환경보호를 위해 강연을 하고 있어요. 제인 구달이 동물 연구의 꿈과 다르다며 비서학교를 수료하지 않았더라면, 동물과 무관한 일을 한다며 동물에 관한 정보를 끊임없이 읽지 않았더라면, 리키 박사의 비서가 될 수 있을 열정을 보여주지 않았더라면, 지금의 제인 구달은 없었을 거예요.

스파이더맨은 손끝에서 거미줄을 내어 쏘아 이동점을 만들어냅니다. 일도 마찬가지예요. 경험끼리 연결되어 결국은 직업으로 완성됩니다. 사람과 사람의 관계처럼 일의 분야도 그물처럼 연결돼요. 선택할 수 있는 여건 안에서 성실했던 제인 구달처럼 눈앞의 일을 성실히 하면 그 일과 연관된 접점을 만날 수 있어요. 스티브 잡스의 말처럼 과거의 모든 점이 연결되어 길을 이루게 될 것을 믿고 해보는 겁니다. 물론 그물처럼 이어진 일의 연결고리는 지금 눈에 드러나지 않습니다. 일하는 중에도 당장의 보이는 결과가 없으니 불안하고 머뭇거리겠지만 결국 하나의 점으로 일의 '선분'을 이루는 기초가 된다는 생

3장 · 버리고 채울 것

각으로 집중하면 좋겠어요. 토익 점수처럼 눈에 보이지 않고 손에 잡히는 아이템도 아니지만 일에 대한 경험치가 모이고 의미가 쌓여서 여러분만의 길이 될 겁니다.

효율성을 외치는 사회에서 무언가를 한다는 건 경험을 쌓는 일이 되기도 하지만 일관성이 없으면 연관성이 떨어질 수 있어요. 남들이 보면 무관한 경험이어도 진실한 마음으로 임한 경험이라면 가치 있게 연결할 수 있으니 걱정 마세요. 여러분의 인생이고 여러분의 길이니 스스로 연결점을 만들어가는 겁니다. 누가 평가해줄 수 없습니다. 이력서, 자기소개서에 적는 몇 줄로 인생을 평가받지는 않아요. 경험에 가치를 부여하고 '나의 일'로 '내일(미래)'을 만드는 일은 자신만이 할 수 있습니다.

최고의 선택을 하고 싶어요

다가오는 시대에는 보이는 길을 따라 걷기보다 새로운 길을 개척해야 합니다. 눈에 보이지 않는 것들이 잘될 거라 믿으며 밀고 나가야 할 때도 있습니다. 산업사회에서는 직장에 들어가면 승진을 통해 경력을 쌓아갔지만 지식사회에서는 자신의 진로로드맵을 만들어가며 경력을 그물망처럼 확장해야 해요. 자신의 영역을 확대하는 로드맵을 만들어가기 위해서 내적인 확신 가운데 선택을 훈련해야 합니다.

선택은 무언가를 얻음과 동시에 내려놓는 겁니다. 짜장을 먹으면 짬뽕 국물이 아쉽고 짬뽕을 먹으면 짭조름한 짜장이 생각나지요. 짬뽕이 생각나도 눈앞의 짜장면에 만족해야 하는데 자꾸 짬뽕 국물을 떠올립니다. 그러다 보니 여러분을 돕기 위해 나온 건? 짬짜면! 하지만 모든 일상이 짬짜면 같을 순 없어요. 선택과 집중을 해서 눈앞의 짜장면 혹은 짬뽕에 집중해야 합니다. 무언가를 버려야 기회를 얻을 수 있어요.

누구나 최고의 선택을 하고 싶은 마음이 있지만 우리는 신이 아니니 최선을 다할 뿐입니다. 그런데 마음이 급하다보니 제대로 판단하기 어렵습니다. 원하는 게 뭔지 몰라서 일단 모든 패를 다 잡고 있습니다. 모든 경우의 수를 고려하다보면 그 어느 선택도 불완전해집니다. 취업은 1년 이내에 결정되는 것이 아니라 보다 오랜 시간 동안 각기 다른 기회를 통해 이루어집니다. 분야마다 지원 시기나 요구하는 경험이 달라요. 일자리를 잡기까지 시간이 많이 남아 있지 않다면 더더욱 손에 쥔 여러 패를 내려놓아야 합니다.

"인턴에 합격했어요. 인턴을 하면 출석을 못 해서 학점을 낮게 받을까 걱정이에요." 일 경험이 전혀 없다면 인턴을 선택하고 학점은 교수에게 맡겨야겠죠. 인턴 활동으로 출석이 부진한데 수업에 성실히 나온 다른 학생과 같은 평가를 받을 수는 없어요. 일 경험이 이미 풍부하다면 인턴보다는 남은 학창시절을 충실하게 보내는 게 좋겠고요. 하지만 두 마리 토끼, 인턴 경험과 높은 학점을 다 잡고 싶어서 고민합니다. 학점은 자신의 권한 밖이니 고민해도 해결이 되지 않는데 말이죠.

여행을 떠나보면 선택과 집중을 잘 배울 수 있습니다. 여행은 일상에서 만나는 풍경보다 매력적인 볼거리와 먹거리와 특별한 활동으로 우리를 유혹하지요. 형형색색의 일출과 일몰, 별이 떨어지는 밤하늘, 근사한 카페에서 맛보는 커피 한잔의 여유, 미식 투어, 집라인Zipline, 래프팅 등 해봄직한 일이 가득하지만, 시간이 한정되어 있으니 하나를 선택해야 하는 문제에 부딪힙니다. 가까운 여행지라면 '다음'이라는 시간을 기약할 수 있지만 좀처럼 갈 수 없는 곳이라면 일정 하나하나를 선택하는 일에 신중하게 되지요. 그러다 보니 어떤 활동으로 여행을 풍성하게 채울지 결정하는 데 무척 공을 들이게 됩니다.

모든 선택 후에 아쉬움이 남지 않는다면 신이 아닐까 싶어요. 사람은 불완전한 존재고 주어진 시간 또한 유한하니 '다른 것을 선택했더라면' 하는 여지를 남깁니다. '했더라면' 때문에 현재의 일상을 재미있고 활기차게 살 수 있다면 '했더라면'도 좋아요. '1이 아니라 2를 선택했으면 이렇게 살고 저렇게 살 수 있었을 거 아니야. 그랬더라면 나는 이런 일상을 보냈겠지' 이런 마음으로 선택한 것에 몰입하는 것이 해결책이 될 수도 있습니다. 예를 들면 저는 안정된 직장인 노동부를 퇴사하고 프리랜서로 일하고 있어요. 노동부에서 근무했더라면 할 수 없었던 일을 해내면서 '노동부에 있었다면 할 수 없었던 일을 할 수 있다니 다행이야'라고 생각하며 기쁘게 일합니다. 지금 선택한 일에 가치를 부여하고 즐겁게 최선을 다하려고 노력하는 거죠.

스티브 잡스는 대학을 자퇴한 일을 인생 최고의 결정이었다고 말하지만 청년 시절의 잡스 또한 남들처럼 두려웠기에 곧바로 실행에 옮기지 않고 1년 반을 도강하다가 자퇴를 했어요. 두려움을 극복한 힘은 무엇이었을까요? 잡스는 모든 것이 잘될 거라 믿고 자퇴를 결정했다고 합니다. 결정하려면 자신이 잘해낼 거라는 믿음과 그 이후의 상황을 믿는 힘이 있어야 해요.

선택을 앞두고 혹은 그 후에도 흔들리는 이유는 자신이 한 선택에 믿음이 부족하기 때문입니다. 지인 중에 물건을 사고 그 물건을 정말 싸게 샀는지 다른 가게에서 동일한 물건의 가격을 확인하는 사람이 있어요. "또 살 것도 아닌데 왜 가격을 확인해요?"라고 물어보자 "내가 정말 싸게 샀는지 확인하고 싶어서. 내가 비싸게 산 거면 화가 나잖아." "그러다 보면 결국 선생님이 산 가격보다 싼 가격을 찾아낼 텐데요? 그러면 속상하잖아요"라고 말 했더니 "그래도 내가 싸게 샀다는 걸 알게 되면 기분이 좋잖아"라는 답변이 돌아왔습니다.

계속 알아보면 본인이 산 것보다 저렴한 물건을 찾아 내게 될 텐데. 한두 번 알아보는 것도 아닌 불필요한 일 을 했어요. 성격적인 특성상 '가능성'을 중요하게 여겨서 모든 기회를 열어두는 패턴이 일상에 있기도 했지만 선 택에 자신이 없었기 때문이었습니다. '저렴한 가격 찾기 게임'을 하지 않으면 에너지 낭비를 하지 않고 현재에 집 중할 수 있는데 말이죠. 더 좋은 선택지가 있을 수도 있 는데 어떻게 이것이 훌륭한 선택지인 줄 아느냐고요? 선 택이 훌륭한지는 그 후의 시간과 투자한 노력이 결정하 는 것이지 결코 선택한 순간만으로 결정되지 않습니다. 훌륭한 선택지는 그 후에 집중하고 몰입해서 만들어가는 거예요.

모든 걸 잘해내는 사람은 선택하기 어렵다고 하소연 합니다. 누군가에게는 배부른 고민이겠지만요. 다 잘하 니까 무엇 하나 내려놓기 어려워해요. 모든 패를 다 들고 있으면 성공에 다가가기는커녕 그 어떤 문도 열 수 없어요. 손에 이것저것 가득 든 사람이 문 손잡이를 열 수 없잖아요. 기회는 자동문이 아니에요. 손에 든 걸 가방에 넣고 문을 열면 된다고요? 손에 기회를 가득 들고 있는 여러분의 모습을 상상해봐요. 누구에게나 오는 기회지만 준비가 되어 있지 않으면 문이 아니라 벽입니다. 기회를 놓쳐보면 더 큰 깨달음이 옵니다. 어느 순간 집중된 경험을 요구하는 기회가 왔을 때 "아차, 하나를 선택해서 제대로 해놓을걸" 하고 깨닫게 될 겁니다. 아차. '아차'하는 경험을 했으니 다음에는 내려놓는 것이 답이라는 걸 알게 될 거예요.

선택의 가짓수를 내려놓았을 때 얻을 수 있는 기회비용을 활용해보아요. 한 분야라도 경험을 쌓는 겁니다. 예를 들면 교사, 출판기획, 일반 기업 사무 등 여러 분야를 고민하지 말고 그중 하나만 먼저 경험해보세요. 교사가 되고 싶다면 교생실습이나 학원 강사로 일을 해볼 수 있어요. 출판기획은 출판사에 아르바이트를 희망하는 지원서와 출판에 관한 포트폴리오를 제출해서 일해볼 수 있습니다. 사무 분야는 학교 장학생, 기업의 현장실습 사무 등으로 접해볼 수 있어요. 내려놓아야 나의 특성을 알 수 있는 일을 만날 수 있습니다. 선택한 뒤에 뒤돌아보지 않고 기꺼이 몰입하면 길이 보일 거예요.

·생각 톡톡· 내려놓음의 미덕

내려놓기 쉽지 않았던 경험을 떠올려보세요.

아쉽지만 내려놓았던 기억은 무엇이었나?

선택에 집중해서 얻은 것은 무엇인가?

4장

할까 말까 상담소

상담실은 언제나 열려 있다

진로·취업상담실은 준비가 안 되었을 때 찾는 곳이기도 하고 준비가 되었다고 생각해도 점검하기 위해 찾아야 하는 곳입니다. 알프스에서 폭설로 인해 행방불명됐던 등산가가 13일 만에 가까스로 구조됐습니다. 그는 산을 내려오기 위해 매일 12시간씩 걸었다고 합니다. 그러나 나중에 알고 보니 그는 길을 잃었던 장소에서 고작 반경 6km 안에서 빙빙 돌았을 뿐이었다고 해요. 사람은 눈을 가리고 걸으면 누구도 한 방향으로 똑바로 걷지 못합니다. 가령 일직선으로 목표 지점을 세운 후 눈을 가리고 20m를 걸으면 목표에서 4m 벗어난다고 합니다. 그래서 자신은 계속 목표 지점을 향해 앞으로 갔다고 생각하지만 결국에는 큰 원을 그리며 돌기만 하는 것을 윤형방황이라고 해요. 진로에서도 눈을 감고 걷는 것처럼 윤형방황의 어려움을 겪을 수 있어요. 멘토링, 채용설명회, 진로 프로그램, 진로 관련 수업 등 넘치는 기회가 있고 이 경험과 수업들은 진로와 취업에 도움이 되지만 혼자 결정하기 어렵습니다. 스스로 선택하고 움직일 수 있는 사람이 있는가 하면 타인의 도움이 필요한 사람도 있거든요.

상담실을 찾는 참가자의 비율을 보면 4학년인 고학년이 1~2학년 저학년에 비해 훨씬 많이 찾아옵니다. 특히 취업시즌이라 불리는 3월, 9월에는 학생들 입장에서 '광클릭'을 해야 가능할 정도로 1:1 상담이 인기가 많은데요. 저학년 때 오지 않고 고학년 때 오는 이유는 무얼까요?

우선, 급하지 않기 때문입니다. 나중에 생각해도 아무 문제가 없을 거라고 생각합니다. 오늘 과제를 하지 않으면 학점이 깎일 것이 걱정되지만 진로는 내일이 있으니까 오늘 준비하지 않아도 된다고요. 고등학교 때, 공부를 하지 않으면 부모님에게 한마디 들었습니다. "뭐해? 공부하지 않고!" 지금은 각종 문자 메시지가 어서 확인하라고 알람이 울려요. 진로는 어서 결정하라고 알람이 울리지 않지요. 학점 관리, 동아리 활동, 공모전, 아르바이트 등 당장 급한 것만 처리하기에도 바쁜 24시간이니 '내게 맞는 일'을 생각할 겨를이 없거든요. 입사 지원서류가 광탈하는데도 너무 바빠서 신경을 못 쓰다가 취업시즌이 끝나버립니다.

상담실에 늦게 찾아오는 이유와 관련된 '퀴즈'를 내볼게요. 치과와 상담실의 공통점이 뭘까요?

1. 들어가기 무섭다.

2. 나갈 때 시원하다.

3. 예방 차원의 방문이 필요하다.

눈치 빠른 사람은 이 말을 듣고 상담실에 늦게 가는 이유를 벌써 알았을 거예요. 일대일 상담을 적절한 시기에 받으러 오지 않는 까닭은 두렵기 때문입니다. 그래서 문턱이 높게 느껴집니다. 상담자, 타인에게 아직 준비되지 않은 모습을 보이기 싫고 불편해합니다. 혼나러 오는 자리가 아닌데도 혼날까 두려워합니다. 상담실은 준비되지 않아서 혼나는 자리가 아니에요. 치과에서 정기적으로 치아 건강을 점검받는 것처럼 상담 과정에서 진로와 취업의 방향과 준비사항을 점검하면 도움이 됩니다.

"준비가 너무 미흡해서 막연했던 걱정이 해결됐다."
"1학년인데 너무 이른 시기에 상담실에 가는 게 아니냐고 친구들이 만류했는데 고민했던 부분이 정리되었다."

상담을 망설이다가 상담을 받고 도움이 되었다는 고백들입니다. 그런데 상담실은 이렇게 고민이 있는 사람들만 방문하는 곳이 아니라 준비가 잘된 사람들에게도 필요합니다. 눈망울이 또랑또랑한 재진이가 상담실에 왔습니다. 자신의 경험을 말하는데 '희망 직업'이 두 가지였어요. 활기찬 어조로 각 분야를 인턴이나 아르바이트로 체험할 계획을 이야기했습니다.

"재직자들과의 멘토링을 통해 일에 관해 대략적으로 알고 있지만 일을 해봐야 알 수 있을 것 같아요. 석사 여부를 결정하기 위해 연구실에서 일해볼 계획이고, 그 다음 학기에는 일반 기업에서 전공과 관련된 인턴이나 아르바이트를 할 생각이고요. 경험을 통해서 정보를 얻고 나와 일이 맞을지 확인해서 두 가지 중 한 가지로 결정하려 해요."

이렇게나 잘 준비했고 진로 계획이 뚜렷한 사람은 왜 왔을지 궁금하지 않나요? 상담이 필요하지 않은 사람이 아닌가 하고 생각했을 겁니다. 재진이는 자신이 잘하고 있는지, 가는 방향이 맞는지 확인하고 싶어서 왔습니다. 그가 준비해온 부분과 계획에 피드백을 해주었어요. 격려와 칭찬을 듣더니 상담실에 들어올 때보다 더 밝은 얼굴로 나갔습니다. 한번 가본 길이지만 알 듯 말 듯 할 때, 지도나 내비게이션을 확인하고 출발하면 마음이 든든한 것처럼, 진로를 결정한 것처럼 보이는 사람도 점검을 통해 자기 확신을 가질 수 있습니다. 이런 까닭에 준비가 잘된 경우에도 진로 상담이 필요합니다.

할까 말까

··· 자격증, 고시

"가령 당신이 지금으로부터 5천 년 전에 세렝게티에서 사냥을 하는데, 갑자기 여러분의 동료들이 허겁지겁 도망을 친다고 가정해보자. 여러분은 어떻게 하겠는가? 그 자리에 멈춰 선 채 이마를 긁으면서 눈앞에 보이는 것이 사자인지, 아니면 사자처럼 보이지만 그냥 무해한 동물인지 생각해보고 있겠는가? 아니다. 여러분은 될 수 있는 한 재빨리 동료들의 뒤를 쫓아 달려갈 것이다. (중략) 생존과 관련된 이런 유형의 행동은 우리의 내면 깊숙이 뿌리박혀 있어서 오늘날에는 생존과 상관없는 상황에서도 그러한 행동을 보인다."*

　대평원에서의 사냥처럼 청춘들은 주변 사람들이 많이 취득하는 자격증, 혹은 고시를 한번쯤은 고려합니다. 불안한 마음에 생존을 위해 집단을 따르는 대처 방식이라 할 수 있어요. 정글 같은 취업 사회 속에서 사냥을 하듯 동료를 따라가기도 하지만 각종 준비를 시작하기 전에는 할지 말지 수없이 타진해보아야 합니다. 우선 자격증 준비, 할까 말까 고민해봅시다. 어떤 기준으로 판단해야 할까요.

필요성

나에게 필요한 자격증인지 확인해야 합니다. 내가 배운 수업 혹은 앞으로 학교에서 배울 수 있는 수업으로 자격증을 대체할 수 있는가? 책이나 인터넷 강의로 습득할 수 있는가? 입사하고 싶은 기업에서 채용 시 가산점을 주는 자격증이 아니고서야, '남들이 하니까 나도' 하는 마음으로 자격증을 취득하지는 마세요.

*　《스마트한 생각들》, 롤프 도벨리, 걷는 나무, 2012

과목, 응시 기간, 학업 기간

공부해야 하는 과목이 몇 개인지, 무슨 내용을 담고 있는지, 공부하는 데 시간이 얼마나 걸릴지, 응시 기간은 언제인지 등을 알아봅니다. 학생은 학기 중에 혹은 휴학을 하고 취득해야 하고, 직장인은 직장 생활을 하면서 취득해야 하기 때문에 자격증을 준비하기 전에 전반적인 일정을 대략 예측해봐야 합니다. 대다수는 자신의 능력을 과신하는 경향이 있다고 합니다. 공부 진도를 예상보다 늦게 마칠 가능성이 많아요. 그러니 실제로 실행 가능한 일정으로 가늠해보기 바랍니다.

취득 이후의 연결점

많은 학생들이 취업이 잘된다는 이유로 계리사, CPA 등의 자격증에 관심이 많지만, 정작 자격증으로 취업할 수 있는 분야는 알아보지 않더라고요. 근무하게 된다면 맞거나 맞지 않는 일의 특성은 무엇일지, 근무 환경을 확인해야 합니다.

학점이 좋지 않으니 일반 기업 취업은 못 할 거라고 생각해서 전문자격증을 시도하거나 혹은 공무원 시험에 응시하려고 학점 관리를 전혀 하지 않기도 하는데 수년간 고배를 마시며 공무원 혹은 공기업, 전문자격증 준비를 하기보다, 적성에 맞는 일반 기업의 일을 알아보는 게 나을 수 있어요. 일반 기업의 취업에 비해 시간과 노력이 많이 들어서 불합격하면 리스크가 커지거든요. 공백기가 생겨서 취업이 어려워진다는 걸 아실 거예요. 조사 결과에도 나왔는데 졸업 후 3년이 지나면 신규 취업 시장에서 멀어진다고 합니다. 다수가 희망하지만 합격자는 소수라서 높은 실력과 큰 행운이 따라야 합니다. 어떻게든 되겠지, 하는 마음으로 접근하기보다 자신에게 맞는 직무로 취업하는 편이 낫습니다.

객관적인 자기 평가

고민을 시작한 단계라면 세 가지를 점검해봅시다. 첫째, 언제까지 도전할 것인지 예상하고 플랜B를 준비해둡니다. 합격자의 평균 준비 시간이 어떻게 되는지 알아보고 그만큼의 시간을 투자할 시간과 경제적 여력이 되는지 확인해봐야 해요. 예를 들어 3년을 준비해야 합격할 수 있다면 그 시간을 들일 수 있는지, 비용을 충당할 수 있는지 예상하는 거죠. 3년 후의 나이로 신규 취업을 할 수 있을지 알아봅니다. 너무 많은 나이로 취업 시장에 뛰어들면 곤란하니 본격적인 공부를 시작하기 전이나 시험을 치른 직후에 취업상담을 받아서 플랜B를 만들어 대비하기 바랍니다. 플랜B를 세우고 나면 마음이 한결 편안해져서 공부에 도움이 될 거예요.

둘째, 자신의 공부 유형을 점검해봅시다. 공무원 시험, CPA, 계리사, 기타 고시는 수년간 엉덩이 싸움에서 이겨야 하는 시험이에요. 실력, 운, 노력이 모두 따라야 합니다. 실력은 과거에 쌓았던 학습 습관이고 운은 상황이에요. 둘 다 현재 자신의 통제 범위 안에는 없습니다. 유일하게 노력만 자신의 통제 범위 안에 있어요. 공부에 집중해야 하는데 다양한 분야에 관심이 있고 모임을 좋아하는 사람은 공부에만 집중하기 쉽지 않아요. 제가 만난 학생 중에 고시에 떨어져서 취업 준비를 하려는 학생이 많았던 걸 보면 고시는 실력만으로 합격할 수 있는 건 아닌 것 같습니다. 공부에 있어서 둘째가라면 서러운 학생도 떨어져서 취업상담을 받으러 왔었으니까요. 객관적인 자기 평가가 필요해요. 불안을 떨치고 강한 정신력으로 공부할 수 있을지, 각종 모임을 접고 세상 밖으로 호흡하는 그날까지 외로운 시간을 견딜 수 있을지, 남들은 취업해서 일상을 즐기는데 아무것도 아닌 내 모습과 비교 안 할 수 있을지 잘 생각해보세요. 고시가 여러분의 길이 아니라면 자신에게 다른 기회의 문을 열어주어요. 그렇게 장기간 시험을 준비하는 노력으로 일반 기업으로의 취업을 준비하면 어디든 못 갈 곳이 없습니다.

셋째, 스스로 선택한 결정인지 점검합시다. 부모님이 공무원이라서, 부모님이 추천해서, 주변에서 내 성향에 딱 맞을 것 같다고 해서 등의 이유로 공무원을 할까 말까 고민하기도 하는데요. 타인의 시선만으로 결정하는 건 곤란해요. 타인의 의견은 참고용입니다. 자신의 기준에서 공무원이 괜찮을지를 알아봐야 해요. 스스로 정해서 시작했을 때는 예상 외로 잘 맞지 않으면 그건 본인의 책임이니 그 안에서 만족하려고 노력할 수 있어요. 하지만 권유로 시작하면 잘못되었을 때 타인을 원망할 수 있어요. 예를 들어 부모의 권유로 한 일이 잘 맞지 않으면 책임을 부모에게 돌릴 수 있어요. 설령 다른 사람의 권유로 관심을 갖게 되었더라도 선택의 주체가 여러분이 되길 바랍니다. 공공기관에서 인턴, 아르바이트 등을 체험하면서 자신에게 맞을지 꼭 고려해보길 바랍니다. 생각해봤는데도 고민이 된다면 합격 수기나 관련된 특강을 들어보세요. 합격자의 생활, 컨디션 조절 등을 들으면서 몇 년간 그렇게 살 수 있겠는지 가늠해보는 거예요. 정말 해야겠다는 생각이 들면 애인, 친구, 여가생활, 전자기기에 안녕을 고하고 굳은 마음으로 전진! 마음을 먹었는데도 고민이라면 왜 그런지 이유를 확인해봅시다. 일을 경험하지 않아서 막연한 두려움이 있을 수도 있고 오랜 시간을 투자할 건데 떨어지면 아까울 것 같아서일 수도 있어요. 일에 대한 두려움은 유사한 일을 경험해서 해소하고요, 불합격에 대한 걱정은 플랜B에 대한 확실한 정보를 얻고 계획을 세워서 그 후를 대비하세요.

공무원 지원자님에게 마음을 담아 건네는 한마디

공무원이 되고 싶은 사람들은 "조용히 사무직을 하고 싶고 성취지향적인 근무 환경에서 버틸 자신이 없어서"라고 말합니다. 이런 이야기를 들으면 안타깝습니다. 국민의 세금을 받아서 일할 사람인데 성실히 일하겠다는 포부는 보이지 않고 단지 다른 싫은 일을 피하고 싶어서라니…. 공무원은 관습형 사람이 어렵지 않게 일할 수 있는 직종이에요. 관습형의 특징은 규율, 규칙을 잘 지키고 체계적인 근무 환경을 원하는 사람들입니다. '조용한 사무직이 좋아서' 공무원을 희망한다면 공무원의 근무 환경이 정말로 '조용히' 일할 수 있는 상황일지 확인해봐야 합니다. 공무원 5급은 현장 민원에 도움이 되는 정책을 만드는 데 일조를 하기도 하지만 현장을 관리하기도 해요. 대국민 서비스이기 때문에 일반 창구에서 해결하지 못하는 엄청난 민원을 응대해야 합니다. 노동부에서 근무할 때 간혹 들었던 말이 생각나네요. 잔뜩 화가 난 민원인이 목에 힘주며 하는 말. "관리자, 나오라고 해!!!" 공무원 7급은 매일 현장에서 민원에 대응해요. 부처에 따라 다르겠지만 제가 있었던 노동부는 조용히 일할 수 없는 곳이었어요. 상담자가 눈앞에 있는데도 수시로 울리는 전화를 자주 받아야 해서 정신이 없었습니다. 외국인 근로자 관련 부서에서는 줄을 선 외국인을 맞이하느라 기계적으로 움직여야 처리할 수 있을 정도였고요. 주기적으로 근무현장을 점검해야 해서 외근을 하며 근로자의 근로실태 조사와 사업주와의 면담도 해야 했어요. 이제는 전산 업무로 많이 대체되어서 그때와 상황이 다르지만, 공무원을 희망한다면 부처의 특성을 확인해보고 지원하면 좋겠습니다.

·생각 톡톡· 고시 준비 체크 포인트

고민하는 상황과 이유는?

이 자격증, 시험의 필요성은?

얼마나 절실한가?

예상 기간은?

공부하는 데 방해가 되는 장애물은 없는가?

장애물이 있다면 극복 방안은?

플랜B는 무엇인가?

플랜B의 현실성은?

플랜C는 무엇인가?

고시의 어려움을 함께 해 줄 지지자, 멘토는 누구인가?

떠날까 남을까

… 퇴사와 이직 사이

"잡코리아(2018. 1)는 직장인 1,039명을 대상으로 설문조사를 실시한 결과, 응답자의 93.8%가 '현재 직장에서 승진할지, 혹은 다른 회사로 이직할지 등을 고민하는 커리어 사춘기를 겪은 적이 있다'고 밝혔다. 이들이 커리어 사춘기를 겪은 시기는 근무 1~3년차(66.2%)에 집중돼 있었다. 그 이유를 묻자, '너무 낮은 연봉'이 49.8%의 응답률로 1위를 차지했다. '반복되는 업무에 지쳐서'라는 답변은 35.3%로 2위에 올랐고 '너무 많은 업무량(27.0%)' '고용 불안정성(25.1%)' 등의 답변 순으로 나타났다."*

* 〈메트로서울〉, 2018. 1. 11.

이직은 수많은 청춘의 고민이지요. 커리어 사춘기는 누구나 겪을 수 있습니다. 일을 잘하다가도 이직하고 싶은 마음이 불쑥 나타납니다. 나보다 못난 동기가 더 많은 급여를 받고 일하고 있다는 소문을 들을 때, 많지도 않은 월급이 통장을 스치고 지나갈 때, 상사의 말과 행동이 다를 때, 비효율적인 업무 지시가 반복될 때는 당장 회사를 떠나고 싶어집니다. 마음이 최고조로 요동칠 때 곧장 떠나는 게 옳을까요? 오랫동안 차분히 고민하고 돌파구를 찾으면 좋을 테지만, 보통은 그렇지 않습니다. 2017년 11월 전체 실업자 87만4,000명 중 30%인 26만2,000명이 1년이 지나도록 새 직장을 찾지 못한 '1년 이전 취업 유경험 실업자'인 것으로 나타났어요.[*] 취업 시장에서는 1년 가까이 취업을 하지 못하면 다음 직장에 입사하기가 쉽지 않습니다.

"입사해보니 이 일이 저와 맞지 않는다는 걸 알았습니다. 지금 퇴사하면 근무 기간이 너무 짧아서 이 경력을

---

[*] 〈파이낸셜뉴스〉, 2018. 4. 7.

이력서에 쓸 수가 없어요. 쓰지 않으면 공백이 생기고 이력에 넣자니 왜 그만뒀냐는 질문에 할 말이 없네요. 충분한 경력을 못 채우고 이직해도 될까요?"

짧은 경력으로 전직은 불리합니다. 적자니 쉽게 그만두는 사람처럼 보이고 적지 않으면 공백이 생겨서 서류에서 탈락하기 쉽거든요. 이직의 성공률은 같은 분야인지 공백 기간이 어떻게 되는지에 따라 다릅니다. 같은 분야로 이직할 게 아니라면 이직 준비를 서둘러야 하지만 연관된 분야라면 근무하면서 이직 준비를 하는 것도 나쁘지 않아요. 기업의 인사담당자는 오랜 공백 기간이 있는 사람을 달가워하지 않거든요. 공백 기간에 무엇을 했는지를 설명할 수 있는 내용이 있다면 문제가 되지 않습니다. 예를 들어 직무 관련 훈련 이수, 관련 자격증을 취득하면 괜찮아요. 친구, 선후배와 고민하기보다 인사담당자 혹은 커리어 전문가와 상담할 것을 추천합니다.

직장을 떠나기로 마음을 굳혔다면 엄청난 능력자예요. 능력이 있고 용기 있는 사람이 떠날 수 있으니까 자기 확신이 있는 사람임이 분명합니다. 이 선택으로 저녁이 있는 삶을 영위할 수 있고, 1년 소득이 달라질 수 있고, 주말에 밀린 잠을 자지 않아도 되고, 커리어를 성장시킬 수 있습니다. 이직을 하면 노력한 만큼 얻기도 하지만 잃는 것도 있습니다. 경력을 다 인정받지 못해서 경력이 반 토막 날 수 있어요. 그러면 급여가 낮게 적용되는 거죠. 게다가 연차도 줄어들어요. 인정 많은 기업을 만나지 않는 이상, 회사를 옮기는 순간 모아둔 휴가는 사라질 거예요. 이직에 투자하는 시간만큼 현재의 업무에 집중하지 못하는 시간이 생깁니다. 이 시간을 회복하기가 쉽지 않아요. 기업에서는 사원이 입사한 시점부터 업무 평가에 들어갑니다. 평가는 3개월 내에 끝난다고 해요. 만일 회사에서의 평가가 끝나지 않은 신입 3개월 이내에 퇴직을 준비하다 실패한다면 현 직장의 업무에 소홀했을 수 있기에 '성실하지 않은 사람'으로 낙인 찍힐 수 있습니다. 한번 신용을 잃으면 회복하기 어려우니 옮기기 전까지는 현명하게 주어진 업무에 집중하면 좋겠습니다.

이직으로 얻을 유익을 확실히 점검하지 않으면 이직 후에도 같은 고민을 하는 상황에 봉착할 수 있습니다. 그러니 이익과 이유가 분명할 때 떠나세요. 인크루트 조사(2018. 3)에 의하면 이직을 포기한 사유가 이력서 작성, 포트폴리오 준비, 면접 참석 등에 소요되는 시간과 노력과 비용 등이 아깝다고 생각하는 사람이 27.3%인 걸 보면 적잖은 기회비용이 든다는 걸 알 수 있어요. 이곳보다는 나아질 거라는 막연한 기대감으로 옮기고자 한다면 말리고 싶어요. 전직을 하려면 매일 구인광고를 봐야 하고 이전에 작성했던 입사 지원서를 수정해야 합니다. 필요한 능력, 기술을 갖추지 않았다면 지금이라도 습득해야 하지요. 시간은 한정되어 있고 업무를 하면서 채용 공고를 보려면 눈치가 보이지요. 점심시간에 커피 한잔 마시는 시간도 아깝게 느껴집니다. '이 시간에도 알아봐야 하는데 어쩌나' 초조해하면서 동료와 커피를 마십니다. 허허허, 웃는 게 좋아서 웃는 게 아니에요. 퇴근 후에는 본격적으로 이직 정보를 알아봅니다. 온종일 이직할 궁리를 합니다. 이렇게 근근이 준비하지만 서류, 면접 합격도 쉽지 않아요. 퇴사 후에 얻는 것이 있어야 회사를 떠나는 날까지 회사 생활과 동시에 힘들고 귀찮은 이직 준비를 하며 버틸 수 있는 힘이 나옵니다.

인크루트(2018. 3)는 새 직장·동료에 적응하자니 막막해서 이직을 포기한 사람이 17%라고 했습니다. 대인관계를 힘들게 하는 독특한 사람은 어디에나 있어요. 그 사람을 피해서 이직했는데 유사하거나 더 강력한 사람을 만날 가능성은 충분히 있습니다. 그러니 다른 이유 없이 사람이 싫어서 떠나지는 말길 바랍니다. 싫어하는 사람 때문에 퇴사하는 사람보다 새 직장 동료와 적응하자니 막막해서 이직을 포기하는 사람이 오히려 더 현명할 수도 있어요. 만일 사람을 대하기가 어려워서 그만둔다면 그 후에도 대인관계의 불편함은 계속 이어진다는 걸 기억하세요. 사람들과 업무적으로 대화하지 않거나 식사시간, 휴식시간의 대화를 피하고 싶다면 심지어는 애인, 친구들과 개인적인 이야기를 나누는 것이 편하지 않다면 이직이 아니라 심리 치료가 필요합니다.

'지금보다 높은 연봉을 받을 수 있지 않을까?' '이 일이 정말로 내가 하고 싶어 했던 일인가?' 어딘가에 내게 맞는 다른 일이 있지 않을까?' 등 이 일이 자신에게 어울리지 않는다고 생각하면 불만이 생기고 의욕이 떨어집니다. 손해 보는 건 자신뿐이죠. 그럴 때 마음을 다잡는 신호등을 켜보는 겁니다. 밖으로만 향하려는 마음의 길에 적색 신호등을 켜두고 '현재에 충실하기'에 푸른 신호등을 켜는 거죠.

회사 일이 재미없는데 그만둘 용기도 없고 답답하다면 유수연 강사의 말에 귀 기울여보면 어떨까요. "바깥으로 도전을 만들어보세요. 그러면 내부가 단단해져요. 가령 적금을 왕창 부어보세요. 직장 못 그만두죠. 공모전이나 자격증이나 승진이나 구체적인 목표를 세우고 절박하게 달려들어보는 게 슬럼프를 극복하는 가장 좋은 방법이죠. 또는 '내 이 경력은 4년을 꼭 채워야 한다'든지 하는 외부적 요인에서 당위성을 줘보세요. '내가 지금 2년 차인데 4년차라면 어떻게 하겠다' 하는 식으로 목표를 세워보세요."**라고 답변하면서 이직이 고민되지만 확고하지 않을 때는 자신을 키울 수 있는 단기 목표를 세울 것을 권했습니다.

보통은 무엇을 해야 더 만족스럽게 옮길 수 있을까? 라는 질문을 하는데 어떻게 해야 더 만족스럽거나 꼭 무엇을 해야만 더 발전하는 건 아닐 수 있어요. 현 직장에서 원하는 것을 가질 수도 있습니다. 이직을 하지 않기로 했으면 지금 다니는 직장에서 얻을 수 있는 이익에 집중해보는 거죠. 경력이라는 확실한 결과물을 얻을 수 있을 겁니다. 실제로 커리어 사춘기를 극복한 사람들은 '업

** 《청춘 고민상담소》, 한동헌 외 공저, 엘도라도, 2012

무에 더욱 집중(28.2%)'했다고 해요. 이외에도 '회사 생활 이외에 취미활동에 매진(29.5%)' '연봉 협상, 직무 재배치 등 해결책 마련(23.5%)' '친구, 지인 등과 상담(23.2%)' 등 이 있었으니 참고해도 좋겠어요.※※

> "남들은 좋다고 하는 대기업에 근무하는데 나는 부속품 처럼 소모되는 것 같아서 내 능력을 발휘할 수 있는 중 소기업으로 가고 싶어요. 지금 직장이 중소기업보다 복 리후생은 더 좋은데 이 시점에서 퇴사를 하면 나중에 후 회할까요?"

어떤 결정이든 후회할 수 있습니다. 후회하더라도 얻은 이윤을 바라보며 그 시기를 이겨야 하니 회사를 옮기기 전에 얻을 것과 잃을 것을 비교해봐야 합니다. 예를 들어 얻을 '성취감'과 잃을 '복리후생'을 물물교환으로 바꾼다 고 생각하는 거죠. 손실을 감수해야 하니 확실히 점검합 시다.

※※ 〈메트로서울〉, 2018. 1. 11.

이직에 앞서 '장기간 실직'을 방지하기 위한 충분한 고민과 준비도 필요합니다. 성공적으로 직장을 옮기고 싶다면 이직 성공자의 노하우를 적용해보면 어떨까요? 잡코리아가 2019년 상반기에 직장인 1,306명을 대상으로 이직 현황을 조사했습니다. 이직에 성공한 직장인들은 노하우 1위로 '매일 채용공고를 살펴본 것(49.7%)'을 꼽았습니다. '개인의 성과와 경력을 정리했다(14.5%)'거나 '이직 준비 중임을 지인들에게 알렸다(14.7%)'고 합니다.*** 매일 채용공고를 보고, 업무경력을 정리하며 주변에 이직 준비를 알리면 성공률이 높아진다는 말이니 채용공고를 보며 그에 맞는 자격을 갖추었는지 확인할 필요가 있습니다.

결론

1. 막연하게 고민하지 말고 정확한 내용을 적어본다. 친한 친구나 아끼는 후배의 고민이라 생각하고 읽어보면 객관화될 것이다.

*** 〈매일일보〉, 2019. 7. 5.

2. 그만두고 재취업을 준비하기보다 이직할 곳이 확정된 상태에서 이직한다. 채용 취소를 겪기도 하니 신중하게 마무리하자.

3. 기본 생활비가 준비되지 않은 상태에서 퇴사하면 생활고에 시달릴 수 있고 면접 볼 때 자신감이 떨어질 수 있다. 갈 곳이 확정되지 않았는데 퇴직을 하려면 경제적인 여유를 확보할 것.

4. 가고 싶은 기업, 직무정보를 알아본다. 취업포털사이트에 기재된 회사 규모, 급여만으로 결정하기보다 사전에 재직자를 통해 기업 정보를 얻는다.

5. 옮긴 곳이 더 좋을 수도 있지만 그곳에서도 아쉬운 부분이 있을 수 있다. 이직 후에 후회가 된다면 옮긴 곳의 장점을 보고 살자.

합리적인 의사결정을 할 수 있도록 돕기 위해 나열했지만 인간이, 여러분이 합리적인 의사결정을 하지 않을 수도 있음을 압니다. 남들이 다 말려도 마음속에서 이미 짐을 싸고 있다면 어쩔 수 없잖아요. 가야죠. 오랜 상담 결과 그리고 연구 결과를 통해 인간은 합리적인 의사결정을 하지 않는다는 것을 알았거든요. 자신이 원하는 것이 있으면 눈에 색안경을 끼고 합리적인 판단을 하기 어렵더라고요. 사람은 본인이 바라고 원하는 사항에 맞춰서 스스로의 선택이 옳다고 지지합니다. 예를 들면 몇 개월 채우면 만 n년이 되니까 퇴직금이 더 많이 나오는데 그 기간을 채우기 위해 일하기가 쉽지 않다고 생각하는 거죠. 직장을 다니면서 이직 준비를 하는 것이 좋다는 사실은 잘 알지만 나가서 빨리 알아보고 싶은 마음에 퇴사를 감행합니다. 눈앞의 상황에만 집중하느라 주변 상황을 파악하는 능력이 떨어지는 현상을 터널시야Tunnel vision 현상이라고 해요. 준비 없이 회사를 나오면 빨리 취업을 해야겠다는 조급한 생각에 정작 바라던 것을 시도하기 어려워집니다. 인생에서 중요한 것을 놓칠 수도 있어요. 터널시야현상에 빠지지 않도록 주의해야 합니다.

· 생각 톡톡 · 이직할 준비 되셨나요?

이직을 꿈꾸는 감정이 일시적인가? 아닌가?

경력을 인정받을 수 있는 기간을 확보했는가?

이직하고 싶은 분야나 특정 기업이 있나?

현재 하는 일과 같은 분야인가? 다른 분야로 이직하고자 한다면 그 분야와 관련된 능력이나 기술이 있는가?

(여성의 경우) 결혼, 출산 등으로 인해 재취업이 어렵지 않은가?

이직이 문제 해결의 전부는 아니다. 주기적으로 이직하고 싶은 마음이 생길 수 있으니 다음의 항목도 생각해보자.

일이 하기 싫은 거라면 짧은 쉼을 갖거나 며칠 휴가를 내면 어떨까?

현재 다니고 있는 직장에서 직무를 재배치받거나 연봉협상으로 불만이 해결될 여지가 있나?

취미활동을 하거나 업무에 집중해보는 건 어떨까?

친구나 지인, 커리어 컨설턴트에게 상담을 받아보면 혼자만의 고민이 해소될 수 있지 않을까?

이직으로 인한 장단점도 분석해봅시다.

	장점	단점
승진		
안정		
소득		
직무의 적합성		
직업의 전문성		
출퇴근의 용이성		
여가시간 확보		
휴가의 자율성		

이직 준비에 필요한 것들을 적어봅시다.

- 업무에 필요한 집중력
  _____
- 이직에 필요한 능력, 기술
  _____
- 이력서에 쓸 성과나 업적
  _____
- 준비에 드는 시간
  _____
- 비용…
  _____
- _____
- _____
- _____
- _____
- _____
- _____
- _____
- _____
- _____

이거 할까 저거 할까

… 양자택일의 문제

취업을 목적으로 준비한다기보다 평소에 관심 있는 일, 가치 있는 일을 하는 것만으로도 자연스럽게 취업과 이어지는 활동이 될 수 있습니다. 직무 이해도와 열정을 보여주면 자신의 강점과 연관된 직업을 선택할 수 있고 일할 기회를 얻을 수 있습니다. 동아리, 학회, 소모임, 공모전, 기업 후원으로 진행되는 프로젝트, 기업의 대학생 기자 등의 경험을 통해 자기 확신을 갖고 사고의 폭을 넓혀취업의 기회를 잡을 수 있어요.

그저 좋아서 하는 활동도 좋아요. 직업과 무관한 취미라고 해도 직업 결정이나 취업에 도움이 될 수 있어요. 성실하게 꾸준히 체득한 취미 분야를 탐색해도 직업이 보이거든요. 꾸준함을 강조하거나 그 속의 대인관계에서 본인이 수행한 역할을 잘 설명할 수 있으면 직업을 선택하거나 취업할 때 도움이 돼요.

취미활동을 활용해 취업에 성공한 예를 살펴볼까요? 한 인문계 4학년생이 떠오릅니다. 취업 준비 중이라는데 아무런 활동이 없었어요. 남들이 흔하게 하는 아르바이트도 하지 못했다며 아쉬워했어요. 상담 중에 활동 및 관심 분야를 탐색했더니 음악을 좋아해서 매년 음악 관련 페스티벌에서 스태프로 활동했더라고요. 고객의 성향을 파악하기 좋아하고 고객 니즈가 반영되는 일을 즐거워한다는 걸 파악했고, 진로를 마케팅직무로 정했습니다. 관심 분야에 지속적으로 참여해온 것, 고객의 니즈를 파악하려고 노력한 것, 회의할 때 의견을 내고 조율한 강점들을 내세우기로 했습니다. 그 결과 고객문화를 강조하는 기업의 마케팅부서에 합격했어요. 좋아서 한 일을 연결했더니 직업을 결정할 수 있었고, 취업까지 연결된 것입니다. 이 학생이 하려는 일이 취업과 관련이 없다고 단정했다면 이 학생은 고학년이 되어서도 아무런 활동을 하지 못했다고 생각할 수도 있어요. 오히려 취업 맞춤식으로 활동하려 노력하지 않았기 때문에 자유롭게 선택하고 경험할 수 있었던 거죠. 앞선 사례처럼 하고 싶은 일을 해본 경험이 있는 사람은 자신이 해왔던 일을 정리하면 연결점을 발견할 수 있습니다.

선택을 고민하는 사람들은 표를 그려서 문제를 단순화하면 좋아요. 간단히 A4용지에 적는 것만으로도 사고를 확장하고 단순화할 수 있습니다. 희망 항목을 여러 개 적어보고 각 항목을 통해 얻을 수 있는 것, 잃는 것은 무엇인지 분석해보세요. 다음은 사람들이 기록하면서 고민한 과정이에요.

행복센터기관	
2018. 7. 1.~2018. 8. 26.	
총무부서 사무보조 아르바이트	(활동사항을 세세히 적기)
	(성과를 낸 사례)
	(실패를 통해 얻은 점)
	(그 후에 보완해본 경험)

활동 기록의 예

	인턴/ 현장실습	계절학기
좋은 점	• 일 경험을 쌓을 수 있음 • 내게 맞는지 확인 가능 • 재직자의 조언을 들을 수 있음	• 학점 취득 • 학점 업그레이드 • 시간적 여유가 생김
아쉬운 점	• 학점 취득 • 학점 업그레이드 못함 • 시간적 여유가 부족함	• 일 경험 부족 • 내게 맞는지를 알 수 없음

비교 예시1

인턴이나 현장실습을 통해 일 경험을 쌓을지 계절학기를 들을지 고민하고 있는 학생입니다. 학점이 많이 남아 있고 나이가 많다면 빠른 졸업을 위해 계절학기를 들을 수도 있겠지만 나이가 많지 않고 취득해야 할 학점이 많지 않다면 조직을 경험하고 일 속에서 자신의 경험치를 쌓을 수 있는 인턴이나 계약직, 아르바이트가 나을 수 있어요.

시간적 여유가 부족해지는 부분을 보완하기 위해 어떤 노력을 할 수 있을까? 학점이 너무 낮아서 취업이 어렵진 않을까? 계절학기를 들어야만 졸업이 가능할까? 등을 같이 고려했습니다. 일 경험이 중요하다고 여겨서 인턴, 현장실습을 선택했어요.

	IT 직무	일반 직무 (기획, 인사, 구매 등)
좋은 점	• 전문성 • 전망 • 일자리 수	• 지금 지원 가능 • 일반적 • 익숙한 분야라 두려움이 적음
아쉬운 점	• 미지의 세계 • 기술 습득 어려움 • 시간 투자 (직업훈련 혹은 복수전공)	• 전망이 낮음 • 인력 대체가 비교적 쉬움

비교 예시2

두 번째 예시는 인문계 학생이었는데 IT 직무를 선택할
지 일반 직무를 선택할지 고민하는 학생의 활동 비교 분
석 사례입니다. IT 직무를 수행할 실력을 갖추기 위해 별
도의 시간과 노력을 투자해야 하고 기술 습득이 쉽지 않
을 것 같아 걱정했어요. 하지만 훈련을 받거나 복수전공
을 해서 기술을 습득하면 인문 계열보다 많은 일자리에
도전할 수 있으니 취업 전망이 밝고 경력을 쌓으면 전문
성을 인정받아서 이직이 쉬울 것으로 예상했습니다.

이에 비해 일반직을 선택하면 지금 당장 서류를 제출
하고 면접을 볼 수 있으니 시간과 노력을 투자하지 않아
도 되지만 전문성이나 일자리 수가 적어서 취업이 쉽지
않거나 경력으로 이직 시 쉽지 않을 것으로 예상된다고
정리했어요.

두 가지를 비교해보니 자신에게 가장 중요한 것은 전문성이었고 그래서 IT 직무가 좋겠지만 잘 알지 못하는 분야라 겁이 난다고 했어요. 몰라서 겁이 난다면 어떻게 하면 더 알 수 있을지 고민하고 온라인 자료만 알아보지 말고 현직자를 직접 만나서 궁금증을 해소해볼 것을 추천했어요. 현장 관찰 혹은 경험을 통해 무지에서 오는 두려움을 줄였습니다.

	공기업	사기업
좋은 점	• 만족 • 명예 • 안정	• 만족 • 명예(대기업인 경우) • 경쟁적 • 전문성
아쉬운 점	• 지방 근무 • 직무순환으로 일의 흥미 떨어짐 • 연봉 • NCS 관련 준비	• 고용의 불안정성(빠른 퇴직) • 나의 가치를 인정받지 못함

비교예시3

세 번째 예시는 공기업과 사기업을 같이 준비하기엔 시간이 부족해서 하나를 선별하기 위한 비교 분석 사례입니다.

공기업에서 얻을 수 있는 명예와 안정성으로 만족감

이 클 것으로 예상되지만 지방에서의 근무, 직무순환으로 희망 직무만을 할 수 없다는 점, 연봉이 대기업의 기준보다 낮다는 점, 경영·경제학과 졸업이 아니라서 전공 과목 시험 준비를 기본부터 해야 하는 것을 아쉬운 점으로 꼽았어요. 사기업은 희망 직무에서 일할 가능성이 있어서 공기업에 비해 전문적으로 일하고 경쟁적으로 일하여 활기찰 것이 기대되지만 정년까지 일할 수 없다는 점, 대기업이라면 부속품처럼 가치를 인정받지 못할 것이 아쉬운 점으로 제기되었죠. 최종적으로 비교했을 때, 고용의 불안정성이 큰 비중을 차지하여 공기업을 준비하기로 했습니다. 체험형 인턴을 하거나 공공기관에서 아르바이트를 통해 공기업의 분위기를 체험하기로 했어요.

	외국계 기업	사기업(대기업)
좋은 점	**· 수평적인 조직문화** · 원하는 직무를 할 수 있음 · 이직이 쉬움 · 워라밸	· 명예 **· 좀 더 높은 연봉** · 공개채용이라서 마음이 　편함
아쉬운 점	· 별도의 영어면접을 　준비해야 함 **· 공개채용이 아니라서 지원 　할 때 부담됨**	**· 수직적인 조직문화** · 부속품 같이 여겨질 듯 · 여가시간 부족

비교예시4

네 번째 예시는 외국계 기업과 국내기업 취업을 비교 분석한 사례입니다.

　좋은 점과 아쉬운 점 중에서 가장 중요한 요소를 진하게 표시했습니다. 예를 들어서 장점 첫 번째가 국내기업의 '연봉'이라고 한다면 국내기업을 선택해서 아쉬운 점 중 가장 힘들 것이라고 여겨지는 '수직적인 조직문화'가 따라갑니다. 외국계 기업의 장점인 '수평적인 조직문화'를 얻는 대신 '지원과정에서의 부담감'도 얻게 됩니다. 이 둘을 비교해서 무엇에 마음이 더 끌리는지 생각해봅니다.

	지방 기업 입사	해외 석사 학위
좋은 점	·안정성(정규직) ·커리어 향상 ·박사 과정에 가까운 위치	·해외 학위 취득 ·해외 생활 경험
아쉬운 점	·해외 석사 지원이 늦어지거나 못 할 수 있음	·확정되지 않은 상황

비교예시5

다섯 번째 예시는 정규직 입사가 확정된 상태에서 지방을 가느냐(입사), 해외 석사 학위에 지원하느냐를 고민하는 경우입니다. 얻는 것과 잃는 것을 나눠서 비교했고 해외 석사가 더 흥미롭다고 여겼으나 해외 석사 입학은 확정된 사항이 아니라 시간과 노력을 더 투자해도 될지 미지수였어요. 그래서 커리어의 향상과 안정이 더 중요하다고 여겨 지방이지만 정규직에, 직무 관련된 석사를 병행하기에 편한 입사(지방 이주)를 선택했고, 해외 석사를 통한 해외 경험은 해외여행으로 충족하기로 했습니다.

앞에 작성한 항목들은 예시이기 때문에 비교 항목에 대해서 좋다, 아쉽다고 느끼는 가치와 지점은 각자 달라요. 여러분도 자신의 상황을 정리해보기 바랍니다.

·생각 톡톡· 플랜A와 플랜B 비교 분석

작성 요령

1. 맨 위에 비교 대상을 2~3개 적는다. 자신에게 맞는 항목 과 이유를 생각해서 자유롭게 적는다.

2. 각기 좋은 점을 적고 아쉬운 점을 적는다.

3. 각 항목을 비교하고 좋은 점 중에 자신이 생각하는 경중 을 확인한다. 좋은 점을 비교해서 무엇을 선택할지 모르 겠으면 양쪽의 아쉬운 점 중에 무엇이 더 아쉬운지 확인 한다.

4. 좋은 점도 아쉬운 점도 선택하기 어려울 정도로 비슷하 다면 무엇을 잃었을 때 더 잘 견딜 수 있겠는지 확인한다. 장기적인 아쉬움과 일시적인 아쉬움을 잘 비교해서 본인 에게 어떤 부분이 더 나은지 판단한다.

	플랜A	플랜B
좋은 점		
아쉬운 점		

갈까 말까

… 편입, 반수, 대학원, 유학

'할까 말까 할 때는 하고, 살까 말까 할 때는 사지 마라.' 그럼 갈까 말까 할 때는요? 확인하고 갑시다! 여행이라면 크게 고민하지 않고 가도 괜찮겠지만요. 갔다 와서 통장 잔고를 보며 한숨을 내쉬고 물에 밥을 말아 먹을지언정! 하지만 편입, 반수, 대학원, 유학은 반드시 확인하고 가야 합니다.

편입과 반수

편입이나 반수가 취업에 유리할까요? 편입을 한 학과가 이전 전공과 연관성이 없으면 공부하기 쉽지 않고 옮긴 학교의 높은 학구열을 따라가지 못해서 좋은 학점을 받기 어려울 수 있거든요. 학교를 옮겨서 잃는 것, 얻는 것을 분명히 확인하고 편입이나 반수한 뒤에 최선을 다해 적응할 수 있는 각오가 필요합니다. 지금 여러분에게는 편입과 반수가 인생 최대 도전이겠지만 사회에서 여러분에게 요구하는 건 이후의 활약이거든요.

배우지망생이 있다고 가정해볼게요. 그가 배역을 얻기 위해 수많은 오디션을 치르고 배역을 맡는 데 성공합니다. 하지만 오디션에서 진을 빼서 정작 맡은 배역에 최선을 다하지 못하면 좋은 배우가 되기 어렵겠지요. 편입에 성공한 후기만 찾지 말고 편입한 뒤에 어떻게 적응하려고 노력했는지 알아보세요. 새 학교에서는 재학생들끼리 이미 친분이 형성되어 있기 때문에 누구도 다가오지 않아서 외롭고 힘든 시기가 있을 수 있어요. 게다가 안타깝게도 성적을 유지하기에 급급한 나머지, 수업 이외에는 아무것도 못 하는 경우도 있습니다. 더 좋은 학교에 들어갔다고 해도 희망 직무와 관련된 일 경험이 없다면 취업 시장에서 학벌은 취업에서 큰 요건으로 작용하지 않기 때문에 자기만족에 그치게 될 수도 있어요. 믿을 수 없다고요? 인사담당자에게 물어보세요. 좀 더 현실적인 이야기를 들을 수 있을 겁니다.

편입이나 반수에 실패한 사례도 확인하세요. 안 될

경우 어떻게 해야 현명한지, 이전 학교로 다시 돌아오게 되면 학교에서 어떤 자세로 지내면 좋을지 알아보면 좋겠습니다. 추가로, 재학 중인 곳과 편입을 희망하는 학교의 취업시스템과 취업률을 비교해보세요. 재학 중인 대학의 취업지원시스템이 더 훌륭할 수 있기 때문이에요. 재학 중인 대학의 시스템이 더 좋다면 편입보다 학교를 다니며 취업 준비를 하는 편이 나을 수 있습니다.

대학원

"취업 준비를 하지 않아서 대학원에서 더 준비하려고요."

석사 학위가 꼭 필요해서 입학하기보다 단지 취업을 못 해서 석사를 고민합니다. 공부를 하고 싶어서 대학원을 가는 게 아니라 취업을 목표로 대학원 진학을 생각한다면 반드시 취업과 연관해서 생각해야 합니다. 학사 졸업만으로도 충분히 취업이 된다면 대학원에 진학할 이유가 없어요. 취업 준비가 되지 않아서 대학원을 생각한다면 유예를 하고 취업 준비를 하는 게 낫습니다.

석사 재학 중인 학생들이 취업을 하고 싶어서 상담실에 몰래 찾아오기도 합니다. 그들의 지도교수님에게 전화가 오면 상담실은 화장실이 되었다가 담배 피우는 휴게실도 되었다가 몸이 아파서 찾은 보건실이 되기도 합니다. "네, 지금 화장실인데요. 곧 가겠습니다." 지도교수님은 박사를 권유하는데 정작 본인은 석사 후에 취업을 하고 싶어서 몰래 상담을 받으니 생기는 일입니다. 석박사 후에 어떤 분야에서 활동할 예정인지, 학문에만 머물지 말고 학문을 통해 사회에 어떻게 기여를 할지, 직장인으로 어떤 직업을 갖고 살아갈지 생각해보고 진학하기 바랍니다.

지도교수님 성향, 진행하시는 프로젝트 종류, 석사 후 취업과의 연계 등을 잘 살펴보세요. 석사에서 진행하는 프로젝트 종류가 희망하는 취업분야와 잘 맞거나 석사 동문 중에 재직자들이 많아서 구인정보 습득이 유리하다면 대학원은 더할 나위 없이 좋은 투자예요. 게다가 교수님께서 박사 입학만을 권유하시기보다 학생들의 희망에 맞춰서 일자리까지 적극적으로 정보를 제공하신다면 좋은 선택이지요.

제발 취업 준비가 힘들어서 대학원을 가지는 않길 바랍니다. 대학원을 준비하는 시간에 취업을 준비하면 가능할 수 있어요. 혹시 온실 속의 화초처럼 학생으로 지내는 삶을 안정적이라고 착각하는 건 아닌지요. 여러분은 온실에서 커야만 하는 화초가 아니라 모종입니다. 결국은 밖에 옮겨 심어지기 위해 온실이 필요한 거예요. 걱정하지 말고 학교 밖 세상으로 나가세요. 사회에 나가는 사람들이 만반의 준비가 되어서 나가는 게 아니에요. 밖으로 나가면서 준비를 해나갑니다. 걱정 말고 자신을 믿으세요. 자신감을 가지세요.

유학

"해외에서 공부하는 게 꿈이었거든요."

해외에서 쌓은 학문의 성과를 직장에서 인정받을 수 있는 분야인가요? 아니면 이후가 불확실한가요? 교수가 되고 싶어서 해외 유학을 갔다 온 사람도 교수 되기가 하늘에 별 따기입니다. 일을 하는 데 필요한 유학이라면 가야 하지만 '유리하지 않을까?' 하는 막연한 기대로 유학을 가는 건 바람직하지 않아요. 어떤 공부를 하는지 그 후에 어떤 분야와 연계해 일할 수 있는지 확인하고 결정해야 합니다.

유학을 가기로 마음 먹었다면 학교 시스템상 현지에서 취업 신청을 받는 기간이 있을 수도 있어요. 취업비자도 쉽게 나올 수 있는 황금 같은 기회를 놓쳐버리지 말고 적극 활용하기 바랍니다. 따라서 유학이 반드시 필요해서 가는 거라면 학위 취득 후에는 국내 취업만 생각하지 말고 해외에서 똑똑하게 일 잘하는 능력을 펼쳐봐요. 물론 쉽지 않겠지만 해외에서 근무하면 학위뿐 아니라 경력도 쌓을 수 있으니까요.

편입, 석박사, 해외 유학 등은 오랜 시간을 투자해서 나오는 결과입니다. 학위를 취득하는 건 홀로 노력하면 가능하지만 입직은 개인이 원한다고 해결되시 않고 기업, 고객과 만나서 해결되어야 하는 일이죠. 시장에서 인재로 활동하기 위해서 필요한 과정은 다양해요. 더 좋아 보이는 것만 생각하지 말고 눈앞의 것을 성취해나가길 바랍니다. 자신의 이름으로 살아갈 준비를 힘 있게 하세요.

쓸까 말까

··· 이력서

"해놓은 일이 없어요. 취업이 될까요?"

이렇게 말하는 학생도 아무 일도 안 했다고 하지만 상담하다 보면 다음과 같은 사례가 나와요.

"교환학생으로 해외에 나가 있을 때 동아리를 했어요. 그때 학생이 참여하는 행사를 기획했는데 처음부터 끝까지 만들어가는 게 재미있어서 열심히 했어요."

"학교에서 팀 과제를 할 때 작은 가게들을 방문해 조사했어요. 사장님들께서 처음에는 문전박대하시다가 제가 웃는 얼굴로 자주 찾아뵈니까 나중엔 여쭙지도 않은 정보까지 주셨어요."

앞의 사례처럼 자신을 나타낼 '거리'가 있으면 됩니다. 활발하게 활동한 사람과 비교하기 전에 자신이 지금 가지고 있는 경험을 점검해보세요. 일 찾기에 도움 되는 이야기를 찾을 수 있어요. 전공에서 배운 수업 내용이나 과제 속에서 직무와의 접점을 찾아 입사 지원서와 면접에서 표현하면 금상첨화예요.

"이런 경험은 누구나 하잖아요. 특별하지 않은데 괜찮을까요?"라고 걱정하는 학생도 있습니다. 사실, 맞기도 해요. 인사담당자는 수많은 서류를 보기 때문에 특별한 경험이 있어야 눈에 띄거든요. 그런데 특별한 경험이라 해도 일과 관련이 없거나 직무 성향과 연관성이 적으면 중요하지 않아요.

예를 들면 회계직을 지원하는 학생이 사무 혹은 회계 관련 경험을 전혀 적지 않고 수없이 다양한 해외여행 경험, 짧고 많은 대외활동만 적는다면 전혀 유리하지 않아요. 회계직은 숫자를 다루기 때문에 꼼꼼하고 차분히 사무직을 해내는 성향이 요구돼요. 활동적인 사람을 채용하지 않는 것은 아니나 자기소개서에 사무, 회계 관련 경험이나 학습 내용 등을 언급하지 않고 외부활동 위주로만 채워져 있으면 서류 전형에서 통과하기 어려워요. 부서 분위기를 활기차게 만들기 위해 회계 지식이 없어도 활발하고 적극적인 사람을 채용할 계획이라고 한다면 합격할 수도 있겠지만 말입니다.

앞의 사례들을 어떻게 표현하면 효과적일까요? 입사 서류를 검토하다 보면 유독 눈에 띄는 이력서가 있습니다. 그런 이력서에는 직무와 관련된 경험이 구체적으로 작성되어 있어요. 유독 열심히 하거나 다르게 시도한 일과 이유가 적혀있습니다. 행동의 결과로 얻은 깨달음이나 소감, 다음에 어떻게 적용하겠는지 등의 내용이 담겨 있어요. 하지 않은 일을 만들어서 표현하라는 게 아닙니다. 기억을 더듬어보면 여러분의 활동과 생각을 알 수 있어요. 이렇게 구체적인 사례를 통해서 나를 멋있게 기술하는 거예요. 활동을 선택한 이유, 깨달은 점, 입사하면 어떻게 기여할지 등. 보통은 '1등 했다' '우수상을 받았다' 'A+를 받았다'라고 기재하는데 이보다 더 중요한 건 구체적인 활동, 체득한 것, 나만의 생각, 교훈, 입사 후 직무에 기여할 수 있는 점이에요. 중요한 사항이니 꼭 기억해두었으면 해요. 혼자 정리하기 어려우면 학교나 기관의 상담을 받아봅시다. 혼자 고민하면 몰랐을 자신의 강점을 찾을 수도 있습니다. 취업이 급하다고 정규직만 지원하지 말고 희망 부서의 인턴, 계약직, 아르바이트도 같이 지원해야 해요. 공백 기간이 길고 관련 경험이 부족하면 취업이 어려워지기 때문에 유사한 분야의 일 경험을 쌓아야 더 나은 일자리에 채용될 수 있습니다.

똑똑똑, 간절함의 두드림

스마트폰 지도 애플리케이션 속 화살표가 현재 위치를 알려주는 것처럼, 미래 시점에서 바라보는 현재는 어느 지점일까 궁금해 해본 적 있으세요? 여러분은 현 시점에서 과거는 알 수 있지만 현재의 내가 인생의 어느 지점에 있는지 알 수 없어요. 다만 주어진 패 중에서 좋아 보이는 것을 예측해서 선택할 뿐이지요. 선택한 것에 몰입했을 때 결과물은 미래의 몫입니다. 시간이 흘러야 모든 것이 분명하게 보여요. 현재의 노력이 빛을 발하게 될 순간을 지금은 알 수 없으니 오늘 하루를 살아낼 뿐입니다.

경험에 앞서 필요한 것은 간절함이에요. 정말 여러분에게 맞는 일을 찾고 싶은 간절함, 소중하게 여기는 작은 행복을 유지할 수 있거나 능력을 성장시킬 수 있는 일을 찾고 싶은 간절함. 간절함이 있어야 시작한 뒤에 이것저것 재지 않고 깊이 몰두할 수 있어요. 간절함은 '직업 찾기'라는 토양을 만들어줍니다.

모바일로 클래식 반주 애플리케이션 서비스를 제공하는 기업 이스트콘트롤의 대표 김의영 씨는 다섯 살 때부터 피아노를 쳤습니다. 피아니스트라는 꿈을 갖고 다량의 연습도 즐겁게 소화했지만 음대에 입학했을 때 연주자가 되기 어렵겠다는 현실을 인지했어요. 연주자가 되지 않는다면 무엇을 해야 할지 고민하고 자신의 가능성을 향해 다가갔습니다. 피아니스트가 되고 싶었던 열정만큼이나 고민해서일까요. 음대 졸업 후에 전공과 연관해서 일할 수 있는 게임 배경음악을 맡았고 그 일을 통해 소프트웨어를 접합니다. 음악인을 위해 할 수 있는 것이 무엇일까 계속 고민하다 창업을 결심하고 결국 클래식 반주 애플리케이션 회사를 만들어요. 간절히 고민하며 찾으니까 정보와 경험이 쌓여서 자신에게 맞는 일을 만난 셈이에요.

형수 씨는 운동선수가 꿈이었어요. 고등학교 때까지 운

동선수로 활약했는데 부상을 입은 뒤로 운동을 못 하게 되었습니다. 초등학생 시절부터 줄곧 운동만 했는데 갑자기 운동을 못 한다니 앞이 캄캄했을 거예요. 낙담을 딛고 일어서서 대학입시를 목표로 영어, 수학 등 중요과목을 공부했습니다. 운동을 하느라 오랜 기간 손을 놔버린 학업을 따라가기가 너무 힘들었어요. 고등학교 2학년 때부터 공부를 시작했는데 이해가 안 되어서 중학교 영어, 수학부터 다시 공부했습니다. 운동했던 체력과 끈기로 매일 책상 앞에서 버텼어요. 넓은 운동장을 휘젓던 몸이 작은 책상에 붙어 있기가 얼마나 힘들었을까요. 간절히 이를 악물고 버텨서 2년제 대학에 합격했고 대학에서도 꾸준히 노력해서 제가 형수 씨를 만났을 때는 기업에서 선호할 만한 인재로 준비가 끝난 상황이었어요. 형수 씨를 기억하는 이유는 수업시간에 눈이 남달리 반짝였거든요. 다른 학생에 비해 지원 분야가 뚜렷하고 준비가 탄탄했어요. 어떻게 이렇게 잘 준비할 수 있었는지 비결을 묻다가 형수 씨의 사연을 알았을 때 전율을 느꼈어요. 자신의 꿈을 내려놓고 간절히 노력했기 때문에 성장할 수 있었어요. 지금은 그 친구가 원하던 분야에 취업해서 경력을 쌓아가고 있을 거라 기대해봅니다.

여러분이 간절하면 메마른 땅을 적시는 빗물처럼 소중한 정보와 경험, 노력이 쌓일 거예요. 앞길이 보이지 않아 빛이 필요하고 희망의 땅이 메말라 보습이 필요할 때 알게 모르게 쌓이는 경험이 그 어느 날 빛과 빗물이 됩니다. 간절함이 여러분에게 맞는 일을 찾을 수 있도록 좋은 토양을 만들어준답니다.

감사의 말

청년 실업률 10.4%. 대한민국 청년 10명 중 1명이 실업 상태.* 공무원을 준비하는 사람들이 늘고 있다는 통계. 숫자가 말하고 있고 또 말하지 않는 아우성에 응답하고 싶었습니다. 각종 경험에 뛰어들지 못하고 머뭇거리고 있거나 본격적인 진로 고민 앞에도 가지 못하는 불안의 실마리를 풀어서 보여주고 싶었어요. '좋아하는 일, 내게 맞는 일을 찾아야 해' '목표가 세워져야 구체적인 행동으로 옮길 수 있다'는 생각 때문에 현재 주어진 일과 상황을 보지 않고 선택을 미루는 청춘의 시간이 안타까웠습니다.

* 2019년 6월 통계청

이 책을 완성할 수 있었던 것은 상담실과 강의실을 찾아준 청춘의 눈망울 덕분이었고 만나지 못한 미지의 청춘을 향한 저의 애달픔 때문이었습니다. 제게 상담하러 온 이에게 말을 건네듯 써내려갔습니다. 모든 어려움을 해결해줄 수는 없지만 조금이나마 제가 아는 정보를 나누고 싶었습니다. 자신과 자신의 상황, 직업, 진로를 이해할 수 있기를 바라는 마음에서 강의와 상담을 통해 만난 분들의 이야기를 꺼내 한 땀씩 새겼습니다. 그들에게 당신들이 있어서 더 많은 사람에게 도움이 흘러가고 있다는 말을 전하고 싶습니다.

사람들은 자신에게 맞는 일을 찾아도 만족보다는 만족스럽지 못한 면을 바라보며 안타깝게 살아갑니다. 모두가 만족스럽게 살아간다면 좋아하는 일을 하는 사람이 각광 받을 리가 없다는 사실을 기억했으면 해요. 여러분만큼은 일의 안팎에서 만족하고 자족하면 좋겠어요.

청년들의 진로를 위한 책을 써야 한다고 지지해준 주 선생님, 원고의 첫 독자 JH 편집자님, 원고를 알아봐주신 책세상출판사의 마케팅팀과 편집팀, 정성 들여 정리해주신 박 편집자님, 책 쓰기를 위해 희생해준 가족들 보준씨, 홍진이, 시은이, 정성껏 피드백해준 동생 연수, 정화

씨, 제자 지수와 세희, 끊임없이 격려해주신 정 선생님, 황 선생님, 김 선생님, 친구 혜연이, 부모님, 동생들, 지칠 때마다 새 힘을 주신 하나님 아버지께 감사드립니다. 그리고 여기까지 읽어주신 여러분 고맙습니다.

정보가 있는 것과 아는 것은 다릅니다. 풍부하게 넘쳐나는 정보라고 해도 그것이 내 것이 되어야 살아 숨 쉽니다. 강의와 상담시간에 직업과 관련된 홈페이지를 아느냐고 물어보면 안다고는 답하지만 제대로 활용하는 사람이 드물었어요. 관련된 정보를 직접 찾아보게 하면 대부분은 '이런 좋은 정보가 있다니' 하며 놀라워했습니다. 조금만 노력하면 알 수 있는 전문 정보인데 왜 알아보지 않았을까요.

《자존감은 어떻게 시작되는가》의 저자 에이미 커디는 이렇게 말합니다. "사람에게는 인지 자원이 제한되어 있어서 결정을 내릴 때마다 자기가 가지고 있는 정보를 총동원할 수는 없다. 때문에 사람들은 정보적 영향보다

규범적 영향에 더 많이 좌우된다. 정보적 영향은 '객관적인 실체를 정확하게 분석한 것을 바탕으로 행동을 결정하기'이다. 규범적 영향은 '사회적으로 볼 때 적절한 것을 바탕으로 행동을 결정하기'이다. 비록 많은 사람이 불편하게 여기는 사실이긴 하지만, 사람은 스스로를 독특한 존재라고 여기는 만큼이나 다른 사람들과 특별히 달라 보이지 않으려고 한다." 어떤 행동이 나중에 특별히 큰 비용을 요구하지 않을 때 사람은 굳이 많은 시간과 인지 에너지를 투자하면서까지 정확하게 옳은 혹은 최상의 행동을 찾으려 하지 않는다는 말입니다. 자신에게 맞는 일을 찾고 싶다면 최상의 행동을 찾으려 노력해야 합니다. 좋은 정보원을 갖도록 노력해야 사람들이 일반적으로 범하기 쉬운 오류에서 벗어날 수 있어요. 정확한 정보는 힘이 됩니다. 이제 실질적인 정보를 습득해서 선택력을 높여봅시다. 자주 문의하는 정보순으로 소개할게요. 얼마나 잘 활용할지는 여러분에게 달렸습니다.

전공으로 진출 가능한 직업, 분야

학과 사무실, 학교 취업지원부서에 문의하면 정리된 통계를 알 수 있고 워크넷에서 직업·진로⇨학과정보⇨학과 검색, 전공진로 가이드를 보면 졸업 후 진출 직업이 자세히 정리되어 있다.

직무 정보

• 기업의 채용 사이트

간단하게 몇 줄로 요약해놓은 기업도 있지만, 한 페이지에 걸쳐 친절하게 설명해놓은 기업 사이트도 있다. 직장 내 근로자 인터뷰를 올려놓고 하루 일과를 보여주기도 한다. 지원하려는 기업의 홈페이지에 희망하는 직무 정보가 부족하다면 분야가 같은 다른 기업의 채용 사이트를 참고한다.

SK그룹 http://www.skcareers.com

CJ그룹 http://recruit.cj.net/

*삼성그룹은 각 계열사 홈페이지에 별도로 기재되어 있다.

- **워크넷(www.work.go.kr)**

  직업·진로⇨직업정보

  직업을 검색하면 하는 일과 요구하는 흥미, 가치관, 능력 등이 나온다. 희망하는 일과 자신이 얼마나 잘 맞는지 살펴보자. 연관성이 높지 않다면 자신의 노력이 필요한 부분이 어떤 부분인지 보고 역량을 키우면 된다. 혹은 직무 스트레스의 요인을 미리 아는 것만으로도 입사 전의 마음가짐에 도움이 된다.

- **커리어넷(www.career.go.kr)**

  직업정보⇨적성유형별 탐색

  유형별로 직업군을 교차로 볼 수 있어서 독특하다. 신체 운동, 손 재능, 공간지각, 음악, 창의, 언어, 수리논리, 자기 성찰, 대인관계, 자연친화, 예술 시각으로 나눠 적성에 해당하는 일자리와 관련된 정보들을 수십여 가지 보여준다. 선택한 일의 급여, 일자리 전망, 발전 가능성, 고용 평등에 대한 정보가 함께 제공된다.

- **잡코리아(www.jobkorea.co.kr)의 좋은일연구소에서 발행한 잡타임즈**

  직무분석⇨직무인터뷰에는 1,000건 이상의 재직자의 일 이야기가 담겨 있고, 직무분석⇨직무매거진에는 총 14개의 책자로 광고, 홍보 식음료, 외식편, 유통, 물류편, 바이오제약편, 이공계(자연대, 공대)편,

마케팅, 인사, 영업 IT, SW편, 공무원, 공기업편, 기획, 디자인 등의 분야가 소개되어 있다.

기업 정보

온오프라인 기업 사보에서 최신 정보를 얻을 수 있다. 전자공시시스템(http://dart.fss.or.kr/)에서 기업보고서를 보아도 좋다. 기업명으로 검색해서 반기 보고서, 분기 보고서를 찾아보자. 보고서에 많은 내용이 담겨 있지만 콕 집어서 보고 싶다면 사업 개요를 중점적으로 보자. 전반적인 산업의 흐름, 그에 따른 자사 전략, 경쟁사 대비 판매 비율도 나와 있기 때문에 산업의 동향과 그 안에 속한 기업의 순위를 알 수 있다.

중견기업 정보는 한국중견기업연합회(http://www.fomek.or.kr)에서 찾아볼 수 있다. 회원사 소개 탭에 500여 곳 이상의 중견기업 정보가 홈페이지까지 링크되어 있어서 빠르게 찾아볼 수 있다. 특히 News room 탭의 '중견기업 열전'을 잘 읽어보기 바란다. 학교에서 개설하는 중견기업 특강을 듣는 것도 전반적인 이해를 높이는 데 도움이 된다.

청년워크넷(www.work.go.kr/jobyoung)⇨직업·진로⇨기업정보⇨청년친화강소기업, 기업현장탐방 탭에는 남들이 잘 모르는 히든챔피언기업 정보가 있다. 임금, 일생활균형, 고용안정성, 청년고용실적이 우수한 중소기업들을 소개한다. 경제 잡지나 신문에서 소개하는 우수기업정보를 눈여겨보면 경제 이해와 산업 흐름을 파악하는 데 도움이 된다. 지원하고 싶은 알짜기업을 발견할 수도 있다.

산업 정보

신문 기사를 검색하거나 각종 기업의 경제연구소사이트를 추천한다. 산업 관련 보고서가 실려 있다. 업종에서 발행하는 계간, 월간잡지는 취업지원부서나 도서관에 비치되어 있다.

그 밖의 채용 정보

- NCS(www.ncs.go.kr), 알리오잡(https://job.alio.go.kr): 공공기관 채용정보를 알 수 있다.
- 한국콘텐츠진흥원(www.kocca.kr): 콘텐츠 관련 분야, 공모사업과 지원 내용이 있다. 게임 애니메이션, 캐릭터, 방송, 광고, 출판, 음악, 만화, 지식정보 등 콘텐츠 산업분야로 취업을 희망하는 구직자를 위한 정보가 있다.

- 게임잡(http://www.gamejob.co.kr): 게임 채용 정보

- 미디어잡(http://www.mediajob.co.kr/): 매스컴 채용 정보

- 한국직업방송(http://www.worktv.or.kr): 국내 유일 직업 일자리 취업 전문 채널이다. 취업과 진로에 도움이 되는 유익한 정보를 무료로 제공한다.

오프라인

- 취업진로센터나 잡카페에 있는 각종 책, 인적성검사 문제집, 취업 정보 잡지를 참고한다. 시군구의 일자리센터, 청년일자리센터 등에서도 정보를 제공한다.

- 채용박람회: 학교나 기관에서 주관하는 채용박람회에 참석하면 서류클리닉, 면접 코칭을 받을 수 있다. 기업 정보 혹은 각종 특강에 참여할 수 있다. 너무 편안한 복장보다는 준비된 인상을 줄 수 있도록 깔끔하게 면접 복장으로 간다.

- 기업의 채용설명회 및 상담: 채용 상담을 받으러 간다면 서류와 깔끔한 복장을 준비하면 좋다. '기업에 대해 몰라서 왔어요' 하는 태도보다 '관심이 있어서 알아보다가 더 궁금해서 왔어요' 하는 태도가 좋은 인상을 준다.

- 직업인 인터뷰: 진로를 더 깊이 알아보거나, 취업을 앞두고 자신을 부각할 수 있는 차별화된 정보를 고민한다면 직업인 인터뷰를 반드시 추천한다. 자신이 희망하는 일을 하고 있는 선배를 만나 종사자가 되기 위해 무엇을 준비해야 하는지, 종사자가 된 후에는 어떤 노력을 해야 하는지 등을 확인하는 과정은 매우 유익하다. 5년 이상(최소한 2~3년차)의 경력 직무종사자에게 문의하고, 한 명보다는 여러 명을 인터뷰해서 내용을 종합하는 것이 좋다. 혼자 찾아가기 어려우면 그룹으로 진행해보자. 알고 싶은 직무 종사자에게 정중하게 연락을 취해서 방문 약속을 잡고, 질문할 내용은 미리 준비하자. 인터뷰 후에는 손편지나 감사 메일로 인사하는 것도 잊지 말 것.
- 멘토링 프로그램: 희망 직업의 멘토를 만날 수도 있고 희망 직업 외 다른 직업인을 만나기도 한다. 직업에 대한 구체적인 이야기를 듣거나 신입사원의 마음가짐, 취업 준비사항을 알 수도 있다. 궁금한 질문을 미리 작성해 가면, 만남을 통해 정보도 얻고 생각도 트일 것이다.

추천도서

- **《산업별 직무가이드》, ㈜링크스타트**
  산업별 직무에 대해 여러 권에 나눠서 세부적으로 기술했다. 서점에는 없고 학교의 잡카페, 도서관에 비치되어 있는 숨은 보석이다. 모든 학교에 있지는 않다.

• 《조민혁의 합격을 부르는 직무직설 70》, 조민혁, 위포트, 2019
　현직자 70인의 실제 직무인 영업, 영업관리, 영업지원, 해외영업, 마케팅, MD, 디자인, UX·UI, 물류, 구매, 인사, 재무·회계, 홍보, 기획, IT·SW, 생산·공정, 플랜트, R&D·설계, 품질 등에 대해 근무하면서 발생하는 사례를 상세하게 다루고 있다.

• 《기적의 직무 코칭》, 이윤석, 조선북스, 2014
　현직 인사 책임자가 말하는 기업이 원하는 인재의 조건을 안내하며 각 직무의 개요, 자격요건(지식, 직무 역량 및 스킬, 공통 역량) 등을 간단명료하게 기술하고 있다.

내게 맞는 일을 하고 싶어

남과 다른 내-일을 걷다

초판 1쇄 발행 2019년 9월 30일
초판 4쇄 발행 2024년 3월 4일

지은이 김영숙

펴낸이 김준성
펴낸곳 책세상
등 록 1975년 5월 21일 제2017-000226호
주 소 서울시 마포구 동교로23길 27, 3층(03992)
전 화 02-704-1251
팩 스 02-719-1258
이메일 editor@chaeksesang.com
광고·제휴 문의 creator@chaeksesang.com
홈페이지 chaeksesang.com
페이스북 /chaeksesang 트위터 @chaeksesang
인스타그램 @chaeksesang 네이버포스트 bkworldpub

ISBN 979-11-5931-378-3 (03320)